不焦虑父母修炼手册

明锬 / 著

DON'T WORRY

中国妇女出版社

图书在版编目（CIP）数据

不焦虑父母修炼手册 / 明锬著. -- 北京 : 中国妇女出版社，2020.7 (2021.5重印)
ISBN 978-7-5127-1860-9

Ⅰ.①不… Ⅱ.①明… Ⅲ.①家庭教育－手册 Ⅳ.①G78-62

中国版本图书馆CIP数据核字（2020）第068960号

不焦虑父母修炼手册

作　　者：明　锬　著
责任编辑：李一之
封面设计：季晨设计工作室
责任印制：王卫东
出版发行：中国妇女出版社
地　　址：北京市东城区史家胡同甲24号　　邮政编码：100010
电　　话：（010）65133160（发行部）　　65133161（邮购）
网　　址：www.womenbooks.cn
法律顾问：北京市道可特律师事务所
经　　销：各地新华书店
印　　刷：北京通州皇家印刷厂
开　　本：165×235　1/16
印　　张：15.5
字　　数：220千字
版　　次：2020年7月第1版
印　　次：2021年5月第2次
书　　号：ISBN 978-7-5127-1860-9
定　　价：49.80元

美好的关系是在共同成长中，彼此互相成就。

谢谢我的孩子小乐成就了我。由衷希望因为这本书，能成就更多孩子和父母的美好人生，更多家庭的幸福。

——小乐妈妈，“明了父母课堂”创始人　明锬

谢谢妈妈。

由衷地希望这本书能帮助到更多的家庭。

——正在读高中的大男孩　小乐

推荐序一

让孩子应对新时代的挑战

我的学生明锬近期完成了《不焦虑父母修炼手册》的书稿，即将付印出版，请我作序，我十分高兴并欣然应允，学生的发展也就是老师的成就。

教育发展是社会发展的基础。20世纪八九十年代，我国教育的主要挑战是解决中小学的上学问题，如何让更多的孩子读上书，因此有了《中华人民共和国义务教育法》的出台。进入21世纪以来，教育的主要挑战是如何扩大高等教育资源，让更多的人能有上大学的机会，因此有了大学扩招政策以及占GDP4%的教育财政投入。今天，教育的主要挑战变成了“两翼”，一翼是职业教育问题，一翼是家庭教育问题。党的十九届四中全会报告指出要“构建覆盖城乡的家庭教育指导服务体系”，可见家庭教育在我国的未来意义不言而喻。本书切中当今中国经济社会发展中的教育问题，对家庭教育及其相关问题进行了深入而独特的分析，其面世恰逢其时。

家庭教育、学校教育和社会教育并称为教育的“三大支柱”。家庭教育既是学校教育的基础，又是学校教育的补充和延伸，“家庭教育是人生整个教育的基础和起点”。长期以来，我们忽视了家庭教育的重要性，将教育的职责转移给学校及教育部门，将成绩视作教育质量的判断标准。然而，教育的本质是培养一个具有健全人格的、高素质的公民。毛泽东主席曾说过，“文明其精神，野蛮其体魄”；蔡元培先生曾说过，“最好的教育就是培养一个人健全的人格”；陈寅恪先生曾说过，“独立之精神，自由之思想”。这些闪耀着大师思想光芒的铭句，无不是对教育内涵的最佳诠释。也正如本书开宗明义所言，“让孩子健康快乐地成为一个身心健康、品格优秀、自立成功、快乐幸福的个体”，本书的全部内容即围绕这个核心使命徐徐展开。

明锬是“明了父母课堂”的创始人。她既是一个身体力行的实践者，又是一个思维缜密的研究者，她在北京大学学习期间就长于深入思考，善于概括总结，毕业后在一系列深刻观察的基础上，提出了令人信服的观点与理念：和谐的亲子关系是一切的基础，坚忍不拔的品质是成功的基石，良好的情绪管理能力是通向开朗与阳光之路，朝气勃勃是获得良好成绩的助跑器，兴趣爱好是幸福人生的五彩斑石。本书的前五个章节，正是围绕关系、品质、情绪、朝气、兴趣这五个核心观点，抽丝剥茧、层层递进展开详细论述。这些章节为家长开启了家庭教育的科学大门，为孩子开启了幸福孩提时代的大门。随后的章节花了相当的篇幅对于电子游戏的问题向家长们提出了警告。明辨电子游戏的利弊，防止孩子沉迷于游戏，家长负有责任。

我国著名教育家叶圣陶先生曾说：“如何进行家庭教育？简单地说就是养成习惯。”从方法论上，良好的家庭教育正是为了让孩子养成良好的习惯。家庭教育对于习惯的养成，对人的一生影响最深，它直接或者间接地影响着一个人人生目标的实现。本书在教家长如何让孩子养成良好的习惯这个问题上着墨颇多，解决家长的实际困惑，传递给家长成功的方法，譬如“情绪法则”“一二三原则”“目标管理”方法，等等。全书的实用性与可操作性很强，许多案例来自对最新热点问题的剖析，引人入胜，发人深思。作者在最后呼吁：家长需要为孩子的成长营造一个温暖、幸福、快乐的家庭环境，为孩子树立一个正确的三观榜样，为孩子创造一个多维度的内在评价体系。

联合国教科文组织指出，21世纪的青少年应该具备“四个学会”的能力，即学会认知、学会做事、学会协作、学会生存。这几个学会，无一不与家庭教育密切相关。展望未来，正如全书最后一章所描述的，未来的时代是一个技术快速发展的新时代，万物互联、人工智能新技术是这个时代的特征。另一方面，未来的时代是一个充满不确定性的时代，唯一的不变就是变。如何让孩子应对这个新时代的挑战？对孩子的深爱，良好的家庭教育便是应对这个不确定时代的“定海神针”。

全书娓娓道来，案例发人深思，非常值得一读。明锬的写作笔法很有灵气神韵，我相信这与她在未名湖畔、博雅塔下的多年熏陶有密切关系。希望更多的家长从本书得到启迪，对家庭教育给予更多的重视。

是为序。

于鸿君

北京大学党委常务副书记，教授

2019年底于朗润园

推荐序二

面对复杂教育情形，做一名理性家长

通过他人引荐，拿到明锬女士书稿的电子版，先睹为快。作为“明了父母课堂”的负责人，明锬撰写的书是其职场工作经验的升华，有丰富鲜活的实例，而且有不少内容属于现身说法，是她本人在教育自己孩子过程中遇到的问题和处理问题的办法，所以书稿阅读起来真实生动，饱含作者对孩子的关爱和对迷茫家长的悉心指点。全篇对于育儿过程中存在的诸多时下重要问题，都予以了详细的讨论，针对6～14岁孩子常见的教育问题，给出了清晰中肯的参考建议，具有很强的实用参考价值。

养育孩子的责任，过去长期依靠家庭承担，经验代代传承。回想自己的童年，就是在这种情形下成长起来的，没有上过幼儿园，家长也没有精力管教，于是白天与小伙伴疯玩，吃饭和睡觉时才想起回家，进入小学才开始识字和悉数。好在，彼此彼此，大家在同一起跑线上，不争输赢。现在时代完全不同了，养育孩子比过去复杂了许多，其中不少问题是人为造成的，而不是孩子成长的需要。家长的竞争意识很强，养育责任也已经超出了家庭的范围，变成了社会和家庭共同承担的责任，需要专业人员对家长提供指导。明锬女士所从事的工作就是社会需要的专业领域。

教育活动从简单变为复杂是一种进步，但是复杂也会带来一定的问题。面对复杂的情形，家长应该理性地对待。有如下几点考虑，部分是自己思考的内容，部分是由阅读书稿后生发出来或者加深的想法。

首先，家长不能不顾孩子的具体情况，设定一个过高或过低的标准。家长最了解和最关心自己的孩子，针对班级授课制不易做到因材施教的缺憾，家庭教育应该予以弥补。正如书中所言，家庭要成为孩子成长中可以停靠的港湾。家庭教育要比学校教育和社会教育更有温度，要理解和相信自己的孩子。与其将自己的孩子与其他孩子比长短，不如让他发挥自己的特长，做一个与众不同的人。

其次，家长不要忽视从孩子的角度考虑问题，不要把自己的意愿强加给孩子，要充分意识到，教育的本质不是完全可以用考试分数来衡量的，集腋成裘，平凡中孕育着不平凡。在北大做老师是一件幸福的事情，俗话说，得天下英才而教育之，乃人生一大幸事！但是，我自己发现，在天资聪明的北大学生背后，也存在着不可忽视的隐患。他们中有些人会把在基础教育阶段养成的一些应试习惯带到大学，不少学生把学习视为被动，视为实现其他目的的手段，而没有把学习本身视为目的，这大大影响了其潜力的发挥。如果这种情况得到扭转，真是后生可畏。

最后，要避免盲目攀比和盲从他人。教育不仅是个体行为，也是群体行为。在我们的文化中，既有望子成龙的因素，也有集体主义的特征，在这种情况下，自己的行为常常会受他人行为的影响。所谓的“剧场效应”阐述的就是这个道理，人人都想站起来看得清楚一些，其实与都坐下观看效果是一样的。

对于教育孩子面临困惑的家长来说，本书值得一读，它教给您一些理性的思路和方法。作为先睹为快者，如果用一句话概括阅读心得的话，我强烈建议家长持理性的态度，去学习育儿的经验，去对待孩子教育和成长中的问题。

阎凤桥

北京大学教育学院院长，教授

2019年底于北京大学教育学院

推荐序三

以同理心建立良好的沟通和亲子关系

2018年11月的一次同学聚会，明锬告诉我，她已经从企业管理改行家庭教育，我非常讶异和钦佩。跨度这么大，她能有勇气华丽转身，在这么短的时间里做得如此优秀和专业，足以说明她的智慧和韧性。我当时建议她是否考虑把喜马拉雅平台在线授课的内容进行整理充实和出版发行，以惠及更多的父母。没想到她的执行力非常之高，在不到一年的时间里，完成了这样一部有分量的书稿，让人读后感触良多。正是这样一个因由，她希望我这个同学来为这本书稿写上几句。

人的一生，犹如一场马拉松。几十公里的途程，比的不是一时一刻的领先，参与者的体质、专业训练、意志力、动机等，都是能否跑完全程，以及决定在队列中所处位置的因素，不应该也无法以单独的某一方面作为衡量得失成败的标准。毕竟，在一场赛事中，能够冲在前面的寥寥无几。所以，有前进的方向，有阶段性的目标，有坚韧的毅力克服困难，有良好的竞争心态享受过程，避免不必要的运动伤害和犯规，反而显得更为重要。当然，科学的方法，必要的机能恢复，则一定会对轻松地跑完、跑好大有裨益。马拉松如此，家庭教育又何尝不是。

当今社会，父母被动强化的起跑线意识，独生子女的强烈自我意识，优秀教育资源紧缺导致的父母焦虑，社会转型带给父母的工作压力，良莠不分的信息传递给孩子造成的心理冲击，以及很多其他无法诠释的复杂因素，造成了家庭教育的困惑。残酷的现实是，绝大多数的父母有意愿花费10年、20年时间倾注在专业学习和工作研究上，却往往忽略了教育这门对自己人生非常重要的学科。

而这本书有通俗易懂的理论、翔实的案例分析，更重要的是作者站在孩子的角度，以同理心，为父母如何与子女建立良好的沟通和亲子关系给出了很多有益的建议和方法。它无法穷尽所有个体问题，却是解决少儿教育中最易出现的问题的“通识读本”。我想这便是本书的意义所在。

度己及人，希望这本书能够像夏季里的一贴凉剂，冰爽到那些焦虑父母的心，并成为他们的福音。

查剑秋

一位父亲，国富浩华咨询有限公司总经理

2020年于北京复堂

推荐序四

培养孩子，是一场漫长的修行

记得《高效能人士的七个习惯》中有这样一段描述：“如果你能参加自己的葬礼，你希望你的亲友如何评价你？如果你的生命只有一学期，你会如何度过？如果你要写自己的墓志铭，你会写什么？你想过一个什么样的人生？”这段描述曾深深地震撼了我。

我在企业内部管人力资源工作，每年会从学校招聘很多学生，也看着这些孩子有些成长为企业骨干，而有些却不尽如人意；那些能有较好发挥的孩子，往往积极踏实，善于反思和总结，对人生有更明确的目标，对自己有相对客观的认识。诚然，我们不能拿一个人在社会上的成就来衡量一个人的价值，但这让我在培养孩子的过程中，多了一些思考。而这种思考，恰恰就是前述《高效能人士的七个习惯》中提到的，“以终为始”地看待培养孩子的问题。正如纪伯伦的诗中所述，“你的儿女，其实不是你的儿女”，我们的孩子，迟早都是社会人，我们既希望孩子心理健康，也希望孩子能发挥所长，对社会有所贡献，这应该是所有父母都怀有的美好而朴素的愿望。

但培养孩子是一个复杂的系统工程，同时也是一场漫长的修行，时刻保持“以终为始”的心态着实不易。当今父母大多都焦虑，一方面要应对工作的挑战和压力，一方面还要认真对待孩子的整个成长过程：孕期的胎教、幼儿的早教、学习阶段校内校外的教育，甚至孩子走上社会，父母仍然持续着一场旷日持久的人生经验的教育。在这个过程中，教育的焦点在不断转化，伴随着孩子独立意识的增强，父母和孩子之间的对抗也在逐步加剧。“不辅导作业母慈子孝，一辅导作业鸡飞狗跳”形象地描绘了孩子求学阶段大多数家庭面临的挑战。即使像我这样认为自己已有一定的“道行”，但面临10岁孩子的教育，仍然会束手无策，甚至会崩溃。成绩、快乐、能力、兴趣……各种目标纠结在一起，各种补习班、各个“别人家的孩子”也让我们焦虑不已，我们裹挟在社会的洪流里，迷失了教育的方向，更无法冷静地“以终为始”。

明锬这本书，恰恰就是一剂良药。

培养孩子是复杂的系统工程，这个阶段的主要问题，明锬在本书中一一解析，文中提到的美好关系、品格视野、必备能力、学习能力、兴趣爱好、电子游戏等几个方面，几乎涵盖了家长们最关切也最需要解决的矛盾和冲突。尤其是，明锬在企业里做高管多年，有在中科院心理所的专业学习背景，还培养了一个优秀、独立、高情商的孩子，因此，这本书既有对人性的洞察和理解，也有心理学的理论依据，更有自己的教育理念以及极具操作性的工具和方法，帮助读者不仅知其然，也知其所以然；不仅树立更科学的教育理念，更使得理念不再是空中楼阁，而更容易落地。这是这本书有别于市面上大多数书最重要的一点。

培养孩子也是一场漫长的修行。我非常认同明锬在最后一章中提到的，从我们打算成为父母的那一刻起，我们就应该开始学习；到我们离开这个世界的那一天止，我们作为父母的学习才真正结束。我们常常说“言传身教”，其中身教的作用远远大于言传，父母本身的示范就是对孩子最好的教育。所以，作为父母，我们只有保持开放的心态，终身学习，不断完善自己，让自己成为更好的父母，才能不断地带动孩子更好地成长，而不会让我们的局限成为孩子成长的天花板。

让我们都成为真正爱孩子的父母，一起共勉！

张丽君

两个孩子的妈妈，深南电路股份有限公司副总经理

2019年11月于深圳

目 录

出行指南
（前言）

做父母的旅程中，一定要避开的三个大“坑”

亲爱的读者朋友们：

你们好！感谢你们拿起这本书，并轻轻地翻开。

一本书就是一段缘分，一本书就是一段旅程。而父母子女之间更是一段修了将近800万年（从人类的起源到进化至今）的缘分，一段生生不息、彼此成就而又影响子孙后代繁衍质量的旅程。

所以，在这段旅程开始之前，需要先提供几点避“坑”指南。然后，我们就能最大限度地享受一路轻松、有趣的美景。至于接下来提到的这三个“坑”，可谓历史悠长，“直径”也很大。请朋友们一定提高警惕，避免一不留神就掉入“坑”里，给自己和孩子造成不必要的困扰，甚至是伤害。

第一“坑”：“听话的孩子才是好孩子。”

这句话，家长朋友们一定不陌生。

相信我们曾经在很多场合，都听到过父母或者老人对着小不点儿们说：“宝宝，你要听话呀！不听话不是好宝宝。”我印象最深刻的是，在公交车上的一位母亲，竟然对在怀里哭闹的一两岁的孩子说：“你再不听话，我就把你从窗户扔出去！”看到那位妈妈的严肃认真劲儿，我内心竟有些不寒而栗。

“听话”，意味着凡事要听家长的话，听父母的命令。这本质上是一种父母角色或者权威对子女的绝对控制，而不是基于独立的个体之间的平等关系。“棍棒底下出孝子”，这就是父母面对不听话孩子时的原始处理办法。现在已经是2020年，但很多父母的观念还停留在几千年以前。

对于成长在互联网时代，强调自我和个性的孩子来说，父母的陈腐观念无疑是一种落伍的、制约孩子发展的枷锁和桎梏。稍加留意，你就会发现，很多小时候“听话”的孩子，往往在青春期（有的还没到青春期）变得格外“叛逆”。时代不同了，孩子和父母是独立的个体，孩子再也不是父母的从属品。要想让孩子赢在未来，必须摆脱这副沉重的枷锁，重建适应时代需要的以独立个体为前提的、健康的亲子关系，让良好的教育真正发生。

第二“坑”：“他现在还小，什么都不懂，长大了他就知道了！”

这句话大家听上去也很熟悉吧？在很多场合，我都能看到这样的教育场景。可事实真的是这样吗？

孩子虽小，但绝对不是一张白纸，无法任由家长随心所欲来创作。孩子虽小，出生之后还没有独立生存的能力，却是一粒有思想意识、有敏锐察觉、有学习能力、能快速生长的种子。在他们成长的初期，由于认知水平有限，不具备自行甄别能力，表达能力也极其有限，所以，对于外界一切事物，不论好坏都会照单全收。

我们完全可以说，孩子越小，教育方式的正确与否对他们的影响越深远，而这种童年早期的影响对于未来的发展也是至关重要的。就像建造一座房子，地基是否端正、是否牢固是最重要的环节。如果地基歪了或者千疮百孔，房子本身建造得再结实，还是会处于倒塌的危险当中。而房子未来要历经几十年的风风雨雨，倒塌也就成为一种必然。

所以，孩子的成长虽然是分阶段的，但教育的影响却是连续的、递进的、无法被分割的。也就是说，孩子虽然小，但是正确的观念、习惯和行为，甚至包括价值观，都是需要从小慢慢培养起来的。

无数现实告诉我们，对于孩子，不良的习惯和观念一旦养成，未来将要付出更多的努力去纠正，但往往还事倍功半，这让家长和孩子备受困扰。比如，很多沉迷电子游戏的青春期孩子，是由于小时候不正确的价值观、家长的养育方式不当等因素造成的。因此，作为父母，在孩子越小的时候，用正确的理念和方法去养育、教育他们，就越能做到事半功倍，真的可以说是“宜早不宜迟，越早越有益”。

这个充满变化、机遇和挑战的时代，要培养面向未来的孩子，只有让我们的教育有前瞻性、长远性和全局观才行。

第三“坑”：“你只要学习好，其他事情你都不用管！”

在我看来，这句话背后隐藏着三个逻辑判断。

第一，学习就是为了取得好成绩；

第二，学习成绩最重要；

第三，学习能力与其他能力、品格是割裂的。

我们可以一起来逐一分析一下：

第一，学习绝对不是只为了提高成绩，而是为了在未来更好地生活。

现在很多孩子即使从名牌大学毕业了，也没办法自立，靠“啃老”

过活。造成这种现象的原因，是父母对教育和学习的狭隘理解。孩子是要长大的，是要走出学校在社会上立足的。基于此，凡是有利于孩子健康成长的能力都属于学习范畴，如人际交往的能力、自主选择的能力、独立生活的能力，包括向别人学习的能力。

因为“生活就是教育，生活就是学习”。

第二，学习成绩是很重要，但绝对不是最重要的。

蔡元培先生曾经说过：“最好的教育就是培养一个人健全的人格！”健全的人格首先包括身心健康。

如果没有一个良好的心态和健康的身心，一味追求“比别人强”，最后很可能是害人害己，现实生活中就有这样的例子。还有一个事实，很多孩子到了大学，反倒陷入迷茫和焦虑，找不到生活的意义，得了“空心病”，这样的教育怎么可能是成功的呢?

第三，学习能力和其他能力有着千丝万缕的联系，是相辅相成、互相制约（促进）的，是无法被分割的。

很多事实都证明，一个拥有自信、抗挫折能力强、有良好习惯、自我管理能力强的孩子更容易取得好的学习效果，未来也更容易成功。

对于一个孩子来讲，教育就是一个整体，我们可以用不同的维度来衡量，但它绝对不能被人为分割开。否则，教育就是不完整的，某些时候就会造成重大的隐患和缺失，导致未来某一天危机的大爆发，而这种杀伤力往往是巨大的，甚至是父母、孩子都无法承受的。

当然，在教育的路上，还有很多“坑”需要家长们防范。但以上这三个“坑”无疑是最大的，也是由来已久的。在代际传承的过程中，我们很容易在无数人走过的这条老路上继续走下去。可是，现在再也不是发展缓慢的农耕时代了，而是日新月异的互联网时代，未来更是人工智能（AI）时代。如果任由落后的教育观念继续泛滥，孩子们将无法适应他们的未来，又何谈拥有幸福的人生呢？

说完了这些注意事项，我们有必要说一下目的地在哪里。我们的目标是要培养一个面向未来、身心健康、品格优秀、自食其力、快乐幸福的个体。而我们选择的教育之路，即教育理念和实践，是以独立的个体为前提，在构建良好亲子关系的基础之上，通过榜样与示范的力量，依靠必要的权威，来实现孩子与父母的共同成长。在教育之路上，如果说有什么捷径可言，那么，这无疑是一条弯道较少，也是教育成本最低、最科学、最有乐趣的路径。

好吧，现在我将作为向导，陪同各位家长开启一段需要不断探索、发现和创造的教育之旅。别犹豫，请跟我来吧！

本站导读

“不要让孩子输在起跑线上”，这句口号，你一定不陌生。

就家庭教育而言，如果说也存在起跑线的话，这条起跑线就是良好的家庭关系——因为教育学首先是关系学。没有良好的关系作为前提，真正的教育还没有开始就已经结束了。

这一点，其实特别好理解。生活中经常有这样的场景出现：当孩子情绪好的时候，父母说什么孩子都愿意接受；而当与孩子发生冲突时，父母说什么孩子都听不进去，甚至嫌烦。为什么呢？情绪好，说明当时的关系处在愉悦的状态；而发生冲突时，关系明显是恶劣的。

进一步讲，良好的关系到底包括什么关系？它是如何深刻地影响家庭教育的呢？

对于教育的实践者来说，解决问题更加重要。亲爱的家长朋友们，不用迟疑，让我们一起踏上寻找答案的旅程……

第1站

"佛系养娃"并不难

美好的家庭关系源自尊重和理解

日本著名导演宫崎骏的电影《龙猫》，一直以来广受大众欢迎。那只胖胖的大龙猫和小月、小梅的故事，打动了无数大朋友和小朋友的心。相信有很多成年人也想像小梅那样，躺在大龙猫柔软的肚皮上，美美地睡上一觉。

这部电影是一股暖流，轻轻地温热我们内心最柔软的部分，治愈了我们些许的伤痛；它也是一面镜子，清晰地照出我们现实生活中的各种矛盾、误解甚至是扭曲的关系——从家庭的角度说，它所呈现的是最美好的夫妻关系和亲子关系。

关于《龙猫》

作为宫崎骏的代表作之一，该片讲述了草壁先生的妻子生病住院，为了让她好好休养，草壁先生带着两个女儿——8岁的小月与5岁的小梅搬到乡下居住。初到乡下的姐妹俩邂逅了森林中的精灵之王——大龙猫，从此发生了一连串神奇、温馨而令人感动的故事。影片结尾，姐妹俩在大龙猫的帮助下，把写着“送给妈妈”的玉米送到了被迫延期出院的妈妈手中。而在影片的最后，一家四口终于团圆，过上了幸福、快乐的生活。

家庭的核心关系是夫妻关系

草壁先生妻子的病显然不是一天两天了。从婆婆和小月、小梅的对话中甚至可以推测出，草壁先生是为了让妻子更好地休养而选择主动搬到乡下的。

虽然在影片中，草壁先生和妻子共处的场景只有短短的两个片段，但依然可以感受到夫妻两人“执子之手，与子偕老”“不离不弃”的甘苦与共之心。“享福之前总得吃点儿苦啊，你说是不是？”草壁先生温柔而坚定的话语，对于妻子来说就是战胜疾病最好的药。

一段婚姻关系的建立一般是因为爱情，而家庭的经营最先需要的是夫妻的尊重和理解，支持和包容——这是爱情得以在生活的琐碎中继续深化的唯一途径。一个家庭的核心关系应该是夫妻关系，而不是亲子关系。这一点在现实生活中，经常被很多家庭所忽视，尤其是在有了孩子以后，亲子关系往往变成了关注的焦点。

而忽视夫妻关系的结果就是，久而久之，夫妻二人感情开始变淡，渐行渐远，直至形同陌路。所以，我们应该时不时审视一下自己的婚姻之路：我与人生的另一半，是相濡以沫还是若即若离？是相互扶持还是冷眼相对？这不仅会影响我们自己的幸福，也会影响亲子关系的质量。

充满理解、尊重和爱的夫妻关系，会为孩子树立人与人之间互相关爱的榜样。同时，孩子会从父母的关系中感受到家庭环境的温暖，建立安全感和信任感，并且建立对婚姻的认识，影响他自己未来家庭关系的模式。

“爱孩子最好的方式就是爱你的另一半。”也正因如此，电影里草壁先生早上起晚了的时候，小月会在厨房里做好早饭，并且为家人准备好便当。有了父亲与母亲良好的夫妻关系做基础，才有了如此顺理成章的小月与父亲之间和谐的亲子关系。

用尊重和理解营造充满爱的亲子关系

尊重和理解是影片中最深刻的主题。

小梅第一次偶遇大龙猫后，当她从睡梦中醒来，却不见其踪影。当她把奇遇讲给爸爸和姐姐小月听，看到爸爸和姐姐都在笑她时，她急得差点儿哭出来，非常委屈而又无奈地说："我没有骗你们。"而这时，爸爸做出的反应不禁令人一震。他弯下腰，对着小梅柔声说出了至关重要的那几句话：

"其实，爸爸跟姐姐也没有说你是在骗人啊。小梅刚才一定是遇到了森林的主人，这就表示小梅运气很好。不过，这种机会并不常有哦，来，我们去跟它打个招呼吧。"

爸爸温柔而坚定的话语，让小梅幼小而剔透的心灵如释重负。她获得了最需要的尊重和理解。然后，爸爸领着一对小姐妹真诚地拜访森林的主人，又给予了小梅更进一步的情感满足和呵护："谢谢您照顾我们家小梅，从此以后，请您多多关照。"

这些温馨的画面足以说明：尊重是理解的前提，尊重是爱的第一步。就如同爸爸看到小月在准备早饭时，最先说的是"对不起，爸爸又睡过头了"，尽管对方是他的孩子，但他仍然尊重她的辛苦和劳动，尊重她在小小年纪对这个家的责任和付出。尊重不仅仅在夫妻之间，也在父母与孩子之间。不因是父亲就高高在上无视孩子，不因是孩子就漠视应该承担的责任——这才是亲子关系应该有的样貌。

擅用爱的多种语言

夫妻关系、亲子关系……任何亲密关系要良好运行下去，都少不了尊重和理解。

对于夫妻而言，由于有相同的话语权和表达能力，彼此位势会比较对等，交流起来也会比较注意。但对孩子而言，因为他们的弱小，需要父母抚养，地位往往处于不平等的状态，这一点最容易被忽视。

即使是年幼的孩子，他们内心真实的需要也绝不是小事。而且，不管他们的年龄有多大，对父母的情感依恋、安全感和信任感的需求始终不会改变。孩子越小，这些需求越是需要得到充分满足，反之，给他们造成的伤害也越深。当他们幼小、纯真的心灵需求从父母那里得不到满足，他们就会自动关闭心门，用所谓的冷漠或者叛逆来伪装自己，表面显得“强大”，内心却无比“羸弱”。

所以，不要因为是孩子，父母就俯视他们，就轻视甚至漠视他们。如果能像草壁先生一样，擅用爱的多种语言，就可以传递出这样的信息——爸爸妈妈尊重你、理解你、相信你，你有什么事情都可以告诉我们：

- 俯下身来，发自内心地微笑（接纳）；
- 真诚而自然地注视孩子的眼睛（尊重）；
- 跳出自己的思维框架，进入孩子的话语体系（换位思考）；
- 温柔而耐心地用积极的话语做出回应（积极反馈）；
- 用温暖的拥抱或者孩子喜欢的其他方式接触（表达关爱）。

对孩子来讲，这才是他们最需要的情感与心灵回应，更是父母最应该给予他们的爱。而这无关物质，无关金钱和地位。

有效陪伴需要避开的误区

最近这几年，随着对家庭教育的重视，各种媒体都在呼吁家长对孩子的“陪伴”。对一个孩子来说，陪伴的意义极为重大。如果把刚刚出生的婴儿看作一粒种子，把家庭看作一片土壤，陪伴将是决定这粒种子能否顺利发芽、茁壮成长的阳光、水和养分。

但是，陪伴远没有字面的意思那么简单。因为“教育始于陪伴，却不会止于分离”。真正要建立良好的亲子关系，让家庭教育发挥良好的功效，就一定要做到有效的陪伴。而我们需要认识并走出以下这五个误区。

误区之一：陪伴=陪着

事实 陪伴不等同于陪着，无效的陪伴无益，而且有害。

在当下很多家庭中，母亲往往承担着更多的家庭教育责任，很多父亲都处于“缺位”的状态。这种缺位并不完全表现为父亲不在家，而是在家时也无法提供有效的陪伴。

很多家长都认为陪伴就等于陪着——只要和孩子在同一个空间就是陪伴。比如，孩子在做作业，家长在旁边看手机、玩游戏。这种陪伴有害而无益，甚至可以不客气地说，这种陪伴还不如不陪。

原因就在于家长的这种陪伴为孩子提供了一个错误的示范。这会让孩子产生疑问：“为什么我在认真学习，而父母却可以玩游戏？这样真不公平！”这种想法进而影响孩子对学习的兴趣、专注，会刺激他对手机和电子游戏的好奇心。更严重的是，父母对自己不良行为的放纵，会让小一些的孩子错以为是正确的行为方式，进而影响孩子对自己行为的约束和自我管理；对于大一些的孩子，还会因此让他们对父母产生强烈的不满，使得亲子关系变得疏离。

还有的陪伴者为了自己省事，干脆直接给孩子看手机、玩游戏。其实，这样的行为不仅有损孩子的身体健康，也对孩子心智的发育极为不利。

在孩子的成长过程中，他们需要丰富的、真实的交流情境，电子屏幕、虚拟世界提供的满足永远无法代替现实生活的互动与感受，反而埋下了孩子从小沉迷在虚拟世界中寻找乐趣与满足感的巨大隐患。

有效的陪伴需要的是用发自内心的爱，提供积极、正向的能量交流与互动。这时，即使没有语言的交流也没有关系，行为就是最好的语言。

误区之二：陪伴=包办

事实 陪伴不等于包办，没有界限的陪伴只会培养出弱小的孩子。

“宝宝，来，妈妈喂你吃饭！”有些上幼儿园的孩子，还需要父母喂饭；孩子上学、放学的路上，从一年级到六年级，很多大人都为孩子提着书包，做着体贴的管家式服务……这些场景并不陌生，而正因为普遍，所以令人担忧。

孩子相比于成年人，无疑是弱小的。在他们逐步走向独立之前，的确需要成年人的帮助。但帮助并不是没有界限的，相反，这种界限应该是泾渭分明的。孩子年龄越大，自主的空间即行为的边界也应该越大。而家长无视界限，越过界限，就相当于侵犯了孩子的成长领地和生长空间。

作为家长，如果想让孩子成为一个独立的个体，就应该按照他们的成长规律渐渐放手。否则，未来孩子有可能成长为一个发育不足的“巨婴”，只是看上去像成年人而已。

所有的影响与教育，不论好坏，都会通过孩子一代一代地传下去。所以，请不要忘记，我们今天的所作所为是在培养未来的父亲与母亲——他们要真正强大，依靠的是我们某种程度上的“弱小”。

陪伴而不包办，不仅是“示弱”，更是对孩子真正的尊重和爱护。

误区之三：陪伴=监视

事实 陪伴不是监视，在关键期内有效的陪伴，是为了以后从容退出。

一位朋友曾和我说，她有一对已经上了高二的双胞胎儿子。每天晚上孩子学习，她都要在旁边监督。我很诧异，因为我的儿子今年15岁，自从小学六年级开始，在他学习时就再也不需要我在旁“陪伴”了。

陪伴是有时限的，也是有关键期的。孩子越小的时候，越需要父母的陪伴。

一个孩子最需要父母陪伴的时间应该在0～12岁。0～3岁是孩子产生安全感与依恋感的关键时期，是他一生发展的基础；3～6岁是生活习惯、规则意识、品格养成的重要时期；6～12岁是进一步形成价值观、学习习惯养成、培养自主性、社会化开始、学校教育与社会教育的联结时期。父母的陪伴在这三个时期至关重要。

在12岁以后，随着孩子进入青春期，他的“独立自我”得以迅猛发展。他更多的是依赖于已经形成的三观（人生观、世界观、价值观），在学校环境中，在老师与同伴的影响下，进一步完成社会化。当然，不能说这个时期完全不需要家长的陪伴，而是说父母的陪伴已经开始弱化，不像以前那么重要了。

所以，作为父母，应该抓住陪伴的黄金时期，通过尽可能多的、有效的陪伴，为孩子提供良好的榜样示范和足够的成长动力。在孩子逐步构建自我之后，父母就可以泰然自若地适时退出，只要在他们需要时提供强有力的臂膀予以必要的支持，然后目送他们成就强大的自我。

误区之四：陪伴与时间多少无关

事实 陪伴若没有一定时间的积累，仍然是无效的。

经常听到某些专家说起，“孩子需要高质量的陪伴”。这句话本身没错，但并不全面。没有一定时间积累的高质量陪伴，仍然是无效的。

我曾经看过一个例子，一位爸爸整日忙于工作，加班加点。每天孩子快睡觉了，他才回到家，然后拿出书来和孩子进行十几分钟的共读，号称高质量地陪伴孩子。这位父亲事业有成，身居高位，但孩子每每提及父亲，总觉得父亲更爱自己的工作。

也许当下有无数这样的父亲正为公司和社会的发展做着巨大贡献，但是作为一个家长，他可能没有想到的是，对于孩子而言，“肯花时间的陪伴才是对孩子爱的表现”。而父爱的缺失，将是孩子成长过程中一种无法弥补的遗憾，尤其是在陪伴的黄金期缺席，更是如此。

所以，爱一个人，就请花时间来陪伴他。不管对方是丈夫，还是妻子；是孩子，还是父母。

误区之五：陪伴可以由他人代替

事实 陪伴没有人可以替代，金钱、物质更不可能。

亲子关系，具有唯一性，也具有永久性，意味着亲子关系无人可以替代。那么是否可以用诸如金钱之类的身外之物替代呢?

一位家长曾和我说，他和妻子两个人收入悬殊，妻子的收入相比之下就是“毛毛雨”。孩子在国际学校上中学，钱当然是他这位提供“倾盆大雨”的爸爸贡献的。但为什么孩子和他关系不那么好，反倒和妈妈特别亲密呢?

问题的关键就在于有效的陪伴上。妈妈虽然收入不高，但有效的陪伴让孩子与她建立了亲密而和谐的亲子关系。孩子总是能从妈妈那里获得更多的关爱、情感的交流与支持。其实，孩子的衡量标准出奇简单，谁给他们温暖的爱和陪伴越多，他们就和谁关系越好。这是一个良性的循环。

由此可见，金钱无法替代良好的亲子关系。如同在成年人的世界中，金钱只能提供慷慨的物质消费，却无法买来真正的感情和精神世界的富足。这是同一个道理。

在爱情、婚姻中，流行着这样一句话：“陪伴是最长情的告白。”这句话对于亲子关系也完全成立。不过，作为父母还要明白，有效的陪伴才是最长情的告白。

“红脸”vs“白脸”：教育孩子不能这样分工

“红脸的关公，白脸的曹操”，历史上这两个三国时期赫赫有名的大人物，一定想象不到在后来诞生的京剧中，他们的形象会因脸谱化的深入人心而广为流传。他们更想象不到，这种脸谱化会在现代社会中逐渐成为一种固定的家庭教育分工——妈妈唱红脸，爸爸唱白脸。

很多父亲在听完我关于家庭教育的讲座后，都会咨询我同一个问题：“我们家是典型的慈母严父的风格。平时需要管教孩子的时候，妈妈都是唱红脸的，而我都是唱白脸。孩子小的时候这招还管用，但是为什么越大越不管用了，尤其是对青春期的孩子，而且我们的关系还特别紧张呢？”

要彻底弄明白这个问题，我们还需要从头说起。

家是港湾，也是关系银行

我们都说，家是温暖的港湾。“温暖”代表着家庭成员之间每个人对彼此的感受，从本质上来讲就是一种“关系”。而“港湾”则表示，如果暴风雨来临，家是可以寻求安全与慰藉的避风港。隐藏在这句话背后的含义，就是每个家庭成员都能感受到彼此之间的关爱和理解、支持与帮助。虽然不可能不存在冲突，但从整体来讲，家庭成员之间的关系应该是和谐的、美好的，也就是说爱和温暖大于冲突。当然，这既包括夫妻关系，也包括亲子关系。

而这种爱和温暖与冲突之间的“差额”，就构成了“关系银行”。

需要向关系银行“存钱”

如果把整个家庭看作一家“关系银行”，我们就能得出一个结论：存钱=爱，取钱=冲突，当爱大于冲突时，这家银行才不会发生透支，也就是余额为正；否则，余额为负。

现实生活中的银行与关系银行非常不同的一点是：属于金融机构的银行会在透支发生时提醒账户所有人，所有人就会清楚知道自己的存款余额不足，需要向银行多存钱才能继续支取。而在家庭的关系银行里，没有可以提醒透支的银行工作人员，所以，非常容易在不知不觉中产生“透支”的状况。

余额为负的长期结果就是原来良好的关系已经成为过去，而冲突加剧了伤害，伤害造成了更大的冲突与不快。这时就会发现，亲子之间即使间或有关爱性的话语表达，也变得那么刺耳。

没有良好的关系，真正的教育不会发生

“教育学首先是关系学”，而如果没有一个良好的关系，真正的教育还没有开始就已经结束了，甚至会离我们期望的“教育初衷”越来越远。红白脸的分工问题在于，在这样的亲子关系银行中，爱与冲突是被人为分割开的。

● 红脸的妈妈与孩子：通过日常更多的爱（表达）与较少的冲突，没有发生透支，使得余额为正，远远大于零；

● 白脸的爸爸与孩子：通过较少的爱（表达）与较多的冲突，透支严重，使得余额为负，远远小于零。

唱红脸的妈妈与孩子关系好，却没有在关键时刻实施教育的行为；唱白脸的爸爸与孩子关系差，却成为教育的主导方。这种家庭教育的严重错位使得健康的家庭教育不仅不会发生，还会带来严重的后果。

因为只有孩子认为与父母的关系足够好的时候，教育才会真实发生。而红白脸的分工，只是父母站在自己的角度，让家庭教育看起来像“海市蜃楼那样美好”罢了。

真正的权威不等于权力

权威就是使人信服的力量与威望。

权力是人与人之间借助地位、权势而产生的一种包括领导、支配关系的影响力。

我们很多人会把权威与权力搞混。真正的权威绝对不等同于权力。著名导演李安有一句话：“我做了父亲，做了人家的先生，并不代表我就很自然地可以得到他们的尊敬。你每天还是要来赚他们的尊敬，你要达到某一个标准。”同理，真正的权威也是需要去努力赢得的。

回到有红白脸分工的家庭关系中，就不难发现，父亲认为自己可以管教孩子的过程中，行使的只是一种作为父亲的权力。这种力量更多体现出来的是一种支配和控制力。当孩子的年龄越小，他的自我力量越弱时，这种权力表现的管教力量就越强大，表现出来就是孩子听从父亲的约束，对父亲唯命是从。家长这时会以为他们的教育发挥了作用，其实不然。孩子只是在暂时无力反抗的状态下，在父亲的“威严”下选择了保全自己，表面上的顺从和臣服并不代表内心的真实想法，反而酝酿着未来“强大后的反抗力”。

所以，孩子一旦从身体和心理上构建出足够强大的自我，父亲的权力就渐渐失去了作用，就会产生白脸父亲们的困惑——“为什么孩子越大越不服气，关系还特别紧张呢？”这也是很多青春期孩子和父母之间的真实写照，一旦他们的身体变得强壮和高大，心理上也会获得足够的优势，反抗力自然也就显示出巨大威力了。

究其原因，权力不等于权威。在家庭教育中，孩子在未成年之前，要让教育发挥良好的作用，父母需要建立的是基于良好亲子关系基础上的必要权威——是需要靠日常的努力去赢得的，真正让孩子发自内心信服的力量与威望。

通过这种权威，孩子就会知道很多行为的边界在哪里，他们不同的选择承担的责任有哪些。在他们彻底走向独立时，才不会像迷途的羔羊，而是带着属于他们自己的人生经验与智慧，自信地面对属于自己的未来。

红白脸分工的弊端与伤害

红白脸的教育角色分工，属于对家庭教育的一种人为的、简单粗暴的分割，虽然看上去简单易行，但不论站在哪一方的角度，弊都远大于利。

缺少了某些教育的功能，母亲的慈爱往往会达到溺爱的程度；没有了爱的表达与投入，父亲会慢慢失去理解、关爱、赞赏孩子的习惯，而随着孩子逐渐长大，进入青春期，父亲就会威严扫地。

更可怕的是，与孩子在长期冲突中形成的严重逆反的亲子关系，会让孩子与父亲水火不容，甚至形同陌路。作家麦家就曾在节目《朗读者》中表示，儿子曾三年没和他说过一句话，那段艰难的、不堪回首的岁月是他一辈子也抹不掉的伤痛。

而对于孩子来讲，所造成的伤害会更大。母亲的慈爱甚至是溺爱与父亲的严厉形成了鲜明对比，有的孩子会充分利用这种模式化关系，学会察言观色、趋利避害，往往利用父母的不同特点，采用不同的策略达到自己不同的目的。更有孩子会慢慢视父亲为自己的“敌人”，在“离经叛道”中走入与父亲形同陌路的极端；还有的女孩子会因为长久感受不到父亲的理解与关爱，渴望得到异性的关爱，更容易走向所谓“早恋”的雷区。

回归爱的平衡关系

其实，在家庭教育乃至家庭关系中，每个家庭成员都在寻求两种平衡——一种是爱与管教的平衡，一种是父母对子女关系的平衡。对于父母而言，经营好夫妻关系的同时，教育孩子更不是简单地说服与管教，而是需要通过不断地深深理解与接纳，经营好“爱的关系”，并通过减少“冲突”多储备“爱的余额”。

在良好的亲子关系基础上，只需要通过必要的权威为我们的孩子设立行为的界限，让他们认识到责任的范围。在孩子的成长过程中，父母不断放手，让子女形成自己的认知、经验和生活智慧，才是对孩子最好的教育方式。

等孩子彻底走向独立之后，我们回顾这十几年的教育之路，才会深深地领悟到，子女的成长其实也为我们父母提供了一个最佳的自我教育的机会。让我们先回归爱的平衡关系，因为教育本身不存在分工。

管控你的坏脾气：建立“客户思维”

任何一种亲密关系，都需要较多的爱、较少的冲突，才能不断增加“关系银行”的余额。

对于亲子关系而言，家长如果拥有平和而稳定的情绪，那将是孩子最大的福分。可是，很多家长面对孩子，都经常忍不住发脾气，甚至骂孩子几句。他们经常问我，要怎么克制这种“暴脾气”，让亲子关系少些冲突，多些愉快相处呢？

在我看来，最好的办法就是树立这样的观念——像对待客户那样对待你的孩子。对！你没有看错，试着像对待客户那样对待自己的孩子。因为在亲子关系中，我们特别需要借鉴“客户思维”的以下两点。

对客户应有的谦卑与敬畏之心

——你不会向你的客户随便发脾气吧？

——当然不会。除非不想干了！

这是因为，我们有“求”于客户。所以，他们是我们要去努力维护良好关系的重要人物（VIP）。每个成年人都明白这层利害关系，自然也就把心态放得比较“谦卑”，不敢轻易“得罪”他们，绝对不会随便发脾气，更不可能打骂他们。即使客户有做得不对的地方，只要不是特别过分，大部分人都会尽量包容和忍让。

父母子女一场，其实，特别需要父母抱有同样“谦卑”的心态。

因为，仔细想来，父母是有“求”于子女的。说得再具体些，在代际传承上，父母都期望子女可以“出色”地继承自己的血脉。很多父母认为自己是在毫无保留地“付出”，而事实却不尽然。

站在孩子的角度，从受精卵开始，一直都是父母“掌控”他们的状态——让他们别无选择地成为自己的子女；不管父母的养育方式如何，都要求他们无条件爱父母，服从父母，甚至是按照父母的期望生活……

孩子是独立的生命个体，正因为他们的弱小，反而特别需要父母有一颗“谦卑”或者“敬畏”之心来制约对孩子过多的、单方面的索取和控制，从而让家族的繁衍高质量地延续下去——而这一点就决定了孩子是我们人生中最重要的VIP。他们不仅是我们的未来，更是我们人生中最大的一笔财富。

所以，如果能时常想到孩子是我们人生中的“客户”，我们就能想尽办法控制自己的愤怒和苛求，也必然会让亲子关系更健康，让教育做得更好。

服务质量应由客户评判

现实生活中，作为客户，我们经常面对这样的选择：“请您稍后对我们的服务做出评价：非常满意请按1，满意请按2，不满意……”而面对客户，我们必然会很在意对方对我们提供的服务是否“满意”。不仅如此，我们还专门提供了“投诉”服务，尽管处理好可能要费九牛二虎之力。

这是因为，作为供应商，我们所提供的服务质量好与坏、优与劣始终由客户评判，所以我们才会建立客户满意度调查的机制，不断收集各种反馈，以改进我们的服务。

对于教育而言，父母本质上为孩子提供的也是一种服务，而且是一种影响子孙后代的服务。不管你愿不愿意承认，事实就是如此。正如美国著名的儿童心理学家艾莉森·高普尼克在她的著作《园丁与木匠》中的论断："你作为父母的质量如何，可以甚至应该由你'创造'出来的孩子来评判。"

我们需要经常主动问问我们的"客户"："你是否满意？你哪里不满意？你为什么不满意？你期望我们怎么改进？"这样，父母与子女之间才能建立起一种良性、平衡的沟通方式。而且，在积极的互相评价与反馈过程中，父母与子女都能认清并接纳对方都是不完美的，都有犯错的时候，只有不断改进、共同进步才是唯一的解决问题之道。

在这种包容的态度下，彼此的满意度不仅会比较高，而且还会发现——父母和子女之间，从来都不是单方面的付出和索取，而是互相成就的关系。这其实才是良好亲子关系的本质。

曾经，7岁的儿子和我讨论关于"爱"的话题。我向他积极表白："妈妈爱你。"他问我："那些打孩子的妈妈也爱她们的孩子吗？"我答："她们也爱自己的孩子，但方式不对！"儿子说："那我觉得你的方式是对的，虽然你也有犯错的时候。"我答："是的，人都有犯错的时候。"

孩子从6岁开始，会进入"自我发现"的第二个时期，然后会在10～12岁迎来"自我同一性"确认的青春期。作为父母，如果能早早抱着对待"客户"的心态做到以上两点，就一定可以做到接纳、理解和尊重。少一些控制，多一些空间和界限，那么孩子就可以比较充分地完成对自己的初步探索，从而更顺利地进入青春期，让父母也进入轻松育儿的“自我实现”阶段。

所以，当你遇到问题，想发脾气的时候，不妨口中多念几遍：“孩子是我最重要的VIP，他是我人生中最大的一笔财富。”在最易发飙的那几秒钟冷静下来，然后再想办法解决问题。待这一习惯形成，你一定会感受到，让亲子关系每天都像过节一样愉快不是遥不可及的梦，而是美好的现实。

避免病态亲子关系，降低孩子成长风险

你知道《荒野求生》节目中著名的英国探险家贝尔·格里尔斯吗？作为三个孩子的父亲，他会带着孩子们攀登悬崖，以锻炼他们掌控风险的能力。而从来不敢带着孩子攀登悬崖的我们，却又让多少孩子处于“悬崖”边上呢？

在日常生活中，一个孩子要平安、健康地长大，并非易事。因为病态的亲子关系，给孩子乃至家庭造成伤害的事件也时有发生。大部分父母对风险的认识和理解，即使没有贝尔那么深刻，也需要从养育、从亲子关系层面，尽量避免人为因素加大孩子的成长风险。

只有家长，没有孩子的亲子关系很危险

什么样的亲子关系里，蕴含着巨大的风险？

答案是只有家长，没有孩子的亲子关系。因为真正的亲子关系是建立在独立个体之上的。如果父母和子女之间没有真正意义上的亲子关系，那孩子就只是家长获取自我价值和成就感的一个工具而已。

我们总在呼吁，不要把考试成绩放在第一位。很多家长仍然无法做到的原因，固然有当下学校教育衡量标准的问题，但是回归到家庭教育

来说，又有多少父母真正看到了孩子想要什么呢？

再深入下去，如果扯下“亲子关系”的外衣，就会发现，根本原因是家长没有处理好自身的内在关系。对自己的不了解、不接纳和对未来的恐惧，都毫无顾忌地投射到了亲子关系中孩子的身上。这样说来，孩子的人生完全被绑架或者被扼杀在父母的自我内在关系纠结中，哪里会有自己独立意识的生存空间呢？

以这样的亲子关系为基础的“教育”，充斥着一种控制和侵害。没有独立人格的孩子，抵抗人生风险的能力从何谈起？

降低孩子成长风险的两个步骤

真正的教育里，如何降低孩子成长的内在风险？

一个人的成长历程中，意外、疾病、各种挫折，风险无处不在，并且防不胜防。作为全球知名的探险家，贝尔·格里尔斯曾说过：“我们的人生就像户外环境一样，也存在着很多的不确定性和风险。我觉得作为父母，我们的职责就是让孩子们学会如何管控这些风险，如何成功战胜这些风险！”而我更想补充一句，首先是如何有效地降低教育的风险。

第一步：把孩子当作独立的人，而不是父母的附属品。

听话的孩子不一定就是好孩子。

看上去“听话”的孩子，让父母省心，但孩子的真实感受却被忽视和压制。结果就是他无法建立“自我”这个核心——现在处理不好自己与自己的关系，未来必然也处理不好与他人和外部世界的关系，不过在做父母的翻版罢了。

作为父母，认同孩子的独立性，才存在给孩子一个健康人生的可能。

第二步：利用成为父母的机会，完成自我修复和建设。

任何一段亲密关系中，最根本的是自我修复、建设和成长。

不可否认，我们的很多伤痛来自原生家庭，但与其纠结过去，满怀毫无意义的愤懑和无力感，不如进行积极的自我修复和建设。

生命正是因为自我成长的可能性而充满巨大的积极能量。其实，只要想想曾经作为孩子的我们在成长中面对的那些不愿意接受的事情和做出的反抗，只要不让它们在自己的孩子身上重演，就是一种最积极的自我成长，也是我们可以“看见孩子”的最简单、有效的方式。正所谓“己所不欲，勿施于人”。

每个生命的意义在于成长——不论男人还是女人，不论父母还是子女，不论老人还是孩子。而对于父母而言，站在个体的角度上说，只有先建设好自己与自己的关系，才能建立好以此为核心的亲子关系。站在教育的角度上说，只有先建设好自己与自己的关系，才会从根本上降低家庭教育的系统性风险，也才能谈到降低孩子的成长风险。

唯有如此，等我们的孩子长大后，才不会再有“父母皆祸害”的痛苦和无奈。不仅如此，他们会因为内在自我成长的积极能量而让他们的孩子远离那些危险的“悬崖”，对自己的人生真正具有风险管控能力。

“佛系养娃”并不难

2017年底，一款从日本引进的游戏《旅行青蛙》火遍了中国的大江南北。一直到2018年初，朋友圈里“满眼尽是佛系小绿蛙”。

我这个“70后”娃妈，竟也抵御不住它的吸引力——它为什么那么招人喜欢呢？既然很多人把这只小蛙当娃在养，我也想看看游戏和现实中的养娃到底有什么不同。于是，下载游戏软件，收割三叶草，买了食物，再加上一个护身符。重新启动了一下游戏后，发现屋子空荡荡的——“孩子”已经出去旅行啦。

没多久，平时一直自诩为“佛系”妈妈的我，却已经开始体会那种对孩子牵肠挂肚的感觉了。它什么时候回来？现在哪里，做着什么？

控制了一下思绪，对比一下现实生活中的养娃，我发现这款游戏的蛙已经是青年蛙了。没有了之前的那段小蝌蚪以及幼年蛙的成长历程，让无数的“妈妈们”省去了无尽的烦恼，终于实现了老子所说的“无为而治”，才会那么悠闲、自在吧？

多么美好的画面！现实生活中，我们如何做到“佛系养娃”呢？这一点，其实并不像你想的那么难！

认识自己，不断学习

苏格拉底说过：“认识你自己。”而这位大哲学家也指出，要做到认识自己，关键就在于不断反思自己，慢慢地就可以认识到自己的灵魂深处。要做一名“佛系”妈妈，首先就要了解自己、认识自己。

我们每个成年人，其实和孩子一样，基因不同，成长环境不同，经历的原生家庭与社会环境也不同。了解自己和认识自己就是心理学上所说的“自我觉察”，就是要把这些因素综合作用形成的“自我”认识清楚——我们的人生观、世界观、价值观是什么，我们的性格、优点与缺点，甚至缺陷有哪些。这样，我们才知道当我们成为父母，会对我们的孩子有哪些实质的影响。然后呢？对于积极的部分，我们要发扬光大；对于消极的因素，我们要不断改善。而这就是不断学习的过程。

在自我觉察的过程中，不管做不做母亲，我们其实都需要弄明白——我们从何而来？我们向何处而去？我们将用什么样的态度和方式度过这一生？然后去努力建设和追寻，这是成为独立、健康个体的前提。至于有没有必要认识到灵魂深处，那是认识程度的问题，能做到最好，实在做不到也不妨碍我们成为一名“佛系”妈妈。

苏格拉底还说过：“未经自省的人生没有意义。”这就是告诉我们每一个人，人生的意义未必是成就多少伟大的事业，而是在平凡的人生中不断自我审视、自我完善。

明确目标，远离焦虑

很多无法做到淡定养育的妈妈，多是因为对孩子的成长抱有很高的目标期待。这个目标可能是分数、名校，也可能是具体化的某个“别人家的孩子”。然后，当发现自己的孩子和目标有差距时，就会产生一浪高过一浪的焦虑。

什么是焦虑呢？焦虑其实是一种对现状或者对达不到预期的结果无法接受与认可的情绪反应。只要一想到结果不尽如人意，心头就抑制不住地焦躁、不安、抓狂。究其原因，这其实是一种怕输的心理。可问题是，人生从来就不是一场比赛呀！

谁的人生都是独一无二的，都在拼命和自己的命运抗衡，谁又有资格、有条件来评判别人的人生是好还是坏呢？人生走到最后我们终会发现，实际上根本没有对手，没有裁判，也没有观众。

所以，环顾一周，我们还是要把目光聚焦到自己和孩子身上：如果我们因自己的前途焦虑，是因为我们没有充分认识自己，想明白自己人生的方向、价值与意义；如果我们因孩子的前途焦虑，是因为我们把太多自己的意志和想法强加在他们的身上。焦虑的根源始终在我们父母的心里，而不是孩子那里。

我们可以再仔细探寻一下我们的内心世界，就会发现，根源在于一方面我们无法接纳看上去并不完美的自己，另一方面我们无法接纳不如我们自己，或者不够完美的孩子。

大约100年以前，黎巴嫩诗人纪伯伦在《致我们的孩子》中曾寥寥数语道破生命与教育的真谛：

你的儿女，其实不是你的儿女。

他们是生命对于自身渴望而诞生的孩子。

他们借助你来到这个世界，却非因你而来，

他们在你身旁，却并不属于你。

你可以给予他们的是你的爱，却不是你的想法，

因为他们有自己的思想。

你可以庇护的是他们的身体，却不是他们的灵魂，

因为他们的灵魂属于明天，属于你做梦也无法达到的明天。

你可以拼尽全力，变得像他们一样，

因为生命不会后退，也不会在过去停留。

我们生育了孩子，是因为我们想成为父母；我们养育了孩子，是因为我们有责任让他们长大，而不是为了实现我们自己的人生期许。孩子有他们自己的人生使命，那就是成为这个世界上独一无二的他们——具有独立健康人格与自由意志的个体。

在孩子还是“小蝌蚪”和“幼年蛙”的时候，我们能给予他们的是无比温暖、稳定、健康的养育环境——包括父母无条件的接纳与爱，还有父母对自我完善的不断追求。当我们将视线和目光放到我们自己身上，就回到了认识自己、接纳自己与不断学习的过程中，那么还有什么值得焦虑的呢？！

佛系养娃，就是和孩子一起不断强大

“妈妈，我很小的时候生病住院，你没哭，是不是不爱我？”

“不，妈妈非常爱你。但是，哭解决不了问题，妈妈要勇敢面对！”

“妈妈，我刚开始上幼儿园，不愿意去，总哭，你为什么还让我去呢？”

“那是因为你有自己要走的路，妈妈能做的就是相信你和帮助你！”

“妈妈，我不喜欢小学，因为没有朋友！”

“朋友不是写在脸上的，是需要你和他们交流，用心去发现的！”

“妈妈，我的一门选修课老师讲得太无聊了，根本学不到东西，以后我不想上了。”

“这是你自己的事情，自己想好了，自己决定，但需要自己和老师解释清楚。”

“妈妈，我考试考得不好，你为什么不像别的家长那样骂我？”

“妈妈知道你心里不好受，再说你已经尽了最大努力了，我为什么还要让你更加难过呢？”

“妈妈，我想选择自己想去的那所中学，你会支持我的决定吗？”

“会的，妈妈能做的就是帮你搜集尽可能多的信息，你来做最后决定。只要是你的选择，妈妈都会全力支持你！”

“妈妈，我会和好朋友分享很多事情，其中有一些秘密是你也不知道的。”

“没关系呀。当然,如果你愿意，我的确很想知道你全部的秘密。”

“妈妈，我不想上课外班，我想凭自己的力量挖掘一下自主学习能力！”

“你真了不起，妈妈特别佩服你的勇气，相信你一定可以的！”

“妈妈，你遇到困难不能退缩，要像鲑鱼洄游一样不怕困难。”

“好的，妈妈记住了。你也要这样才行，我们一起努力。”

……

我的“佛系小蛙”今年已经15岁了。他在成为“小蝌蚪”和“幼年蛙”的阶段，也经历了他自己人生中的很多课题。而我也是一样，不仅做过一段时间的全职妈妈，在职场中也成长为一名出色的职业经理人。但更重要的是，在与他共同成长的过程中，我的人生也注入了新的青春和活力——全身心致力于少年儿童健康的家庭教育服务。

回望这么多年的妈妈之路，我知道，“佛系”妈妈只有不断自我成长，才能远离焦虑，也才能为“佛系小蛙”提供更加淡定、更加广阔和自由的成长空间。这一切来源于接纳、尊重、欣赏、赞美与鼓励。在彼此信任中，妈妈和孩子都走上了一条互相鼓舞、欢欣与愉悦的不断强大之路。

点开小游戏，刚刚还在床上看书的快乐小蛙又踏上了旅程。幸好，我早早为它准备好了出门的行李——一份山蒜馅饼、一条头巾，还有给它的护身符。

此时，我已经没有了之前的那种不安，因为我提前为它的远行做了充分的准备。作为一名青年蛙，它已经有了足够的能力去面对世界的风风雨雨。而我，在它离家的这段时间，仍会不断成长，淡定、从容地等待孩子归来……

本站回顾

如果没有良好的亲子关系，就意味着良好的教育没有开始便已经结束。阅读完本站相关内容后，试试总结归纳一下下列问题的答案吧。

◎ 家庭中，要经营良好的亲密关系，务必要记住的两个秘诀是什么？

◎ 了解陪伴的秘密，才能建立良好的亲子关系。我们要避开的五大误区是什么？

◎ 传统的“红白脸”教育分工模式，为什么会失效？

◎ 亲子沟通中，家长可以通过哪些方面有效管理自己的坏脾气？

◎ 如何识别病态的亲子关系，避免对孩子造成伤害？

◎ 哪三个办法能让家长远离焦虑、“佛系养娃”？

本站导读

父母都渴望自己的孩子优秀、出色和成功，要如何实现为人父母这么质朴而美好的愿望呢？我国著名的教育家蔡元培先生早就给出了答案：“决定孩子一生的不是成绩，而是健全的人格。”

是的，我们只要稍加留意，就能发现社会中真正成功人士的特点，比如，扎克伯格、马云、张火丁（国家一级演员、程派京剧第三代传人）、吴珊卓（首位获得金球奖的亚裔女演员）……他们都因为自身拥有独特的、强大的人格发展和完善系统而取得了辉煌的成就。

当然，我们并不指望自己的孩子都成为马云，只是希望他们在自己喜欢的领域有所建树，发挥最大的潜能，拥有幸福的人生。但未来是充满不确定性的，他们要面对人生的种种困难、挫折，甚至是磨难，如何让他们坚强地面对各种风风雨雨，抵制各种诱惑，带着屡败屡战的坚定意志，勇敢前行呢？

毋庸置疑，他们需要的是从小培养起来的某些重要的人格特质——优秀的品格、广阔的视野和宽广的格局。

在本站中，我们将一起探讨，如何从小开始为孩子打造通往未来幸福人生的非凡之路……

请跟我来吧！

第2站

向“快乐教育”大声说“不”

向“快乐教育”大声说“不”

不止一次，我听到家长在谈论他们的教育理念和实践时，都说到这样的困惑和迷茫：“我们在孩子小的时候，是十足的‘快乐教育’。那时候，我们满足孩子的一切要求。但为什么上了幼儿园或者小学以后，孩子就出现各种问题，尤其是孩子没有规则的意识？我们非常苦恼，问题到底出在了哪里？”

误把快乐教育理解成溺爱

最早提出快乐教育的是英国社会学家赫伯特·斯宾塞。在《斯宾塞的快乐教育》一书中，他系统地阐述了其教育理念是走进孩子的内心，激发孩子的内在驱动力，达到让孩子快乐学习的目的。当然，他所说的学习是更广义的学习。这才是快乐教育的真正内涵。

可是，当很多家长一听到“快乐教育”这几个字时，对它的理解就已经出现了巨大偏差。而且，又因为有的家长自己从小接受的教育都是“不快乐”的，现在生活水平提高了，便义无反顾地选择了自己心目中的“快乐教育”——尽我所能，让你快乐。

这不仅不是真正的“快乐教育”，实际上更是一种溺爱的养育方式。

“我们小时候家里穷，生活条件不好，但现在物质条件好了，绝对不能让你像我们小时候一样。只要是我们能办到的，你有什么要求我们都可以满足！再说，我们赚钱是为了什么，不都是为了下一代吗？”

在这样坚定的誓言之下，很多父母真的做到了，尤其是那些忙于事业的父母——既然无法付出更多的陪伴，满足孩子的金钱和物质需要就成了替代。他们认为这种方式就是“爱”的最有力表现。当然，除了满足孩子的物质需求，还有给孩子行为上的绝对自由，孩子想怎么样就怎么样！宽松的环境，造成的是没有边界的要求、行为甚至是思维习惯。直到有一天，孩子进入了集体生活，家长才发现，这种快乐教育原来是美丽的肥皂泡，经不起“规则”那轻轻一戳。

溺爱造成无度的“爱和自由”

俗话说：“没有规矩，不成方圆。”

孩子的成长是一个不断社会化的过程。所谓社会化，就是从一个单一的家庭成长环境，逐步过渡到适应并承担社会中的不同角色的过程。

这种社会化一方面表现为不同人生阶段的不同角色，从婴儿到学生，从学生到职员，从家庭成员到社会公民；另一方面表现为社会中所遵守的道德规范、法律规范以及各种生活的规则，要逐步内化为个体的道德信念和行为习惯，并借此调节自己与他人的关系，适应不同的社会环境。

但当快乐教育成了溺爱和娇纵，结果就是没有引导孩子成为一个有规则意识的个体。当他迈出家庭的大门，必然无法识别和适应新的环境。这可以说是一种思维惯性，也可以说因为在孩子的成长中，他只学会了一种行为模式。

在家庭的情境中，所有家庭成员以“爱”之名包容着孩子，让他误以为其他人也会如此。所以，踏入集体生活中，若他得不到那么高的关注度和满足感，就必然会用各种“自由”（实际上是不合规矩）的行为引起关注，以满足内心的需求。冲突由此而来，却不会因此而消失！原来，在家庭中无拘无束的“爱和自由”会在未来产生严重的问题，这就是教育中的“问题表现滞后性”。

“爱和自由”的前提是遵守规则

曾经有不少年轻的妈妈和我探讨，目前流行的各种教育理念中，有些令她们感觉到困惑又迷茫——很多关于“爱和自由”的教育理念，容易造成“无限制的爱和给予孩子绝对的自由”的误解。不管什么原因，这种理解最后会导致教育实践上的问题，甚至是错误。

我们现在特别强调“无条件的爱”，因为这就等于“接纳”。对于这一点，我没有异议。

但接下来呢？

- “无条件的爱”并不等于“无限制的爱”；
- “接纳”也并不等于“不作为”。

孩子需要接纳，但同时更需要引导和必要的管教。那么，引导和管教孩子什么呢？就是要让他们养成良好的品格、行为和习惯等。这些引导和管教的背后，就是让他们知道规则以及行为边界的重要性。

没有任何一个个体可以享受绝对的自由。自由是以遵守规则为前提的。这一点，在一个集体和社会中尤其重要。比如，在幼儿园里，孩子玩好的玩具要放回原处，不能随便乱丢；在公共场合，不能大声喧哗影响到他人；在过马路时，要遵守交通规则；在不小心碰到或者给别人造成不便后，要主动说“对不起”。

这些看似不起眼的行为，不仅是遵守规则的需要，更是尊重他人，也是尊重自己的体现。

树立榜样和学会说“不”

最好的熏陶和引导：父母的榜样示范胜于说教。

一次，我在电梯里遇到一个1岁左右的小男孩，我和他用手势打招呼。他认真地盯着我的手看，然后也做出相应的动作。这就是孩子成长过程中最为重要的一种学习方式：观察和模仿。这一点在著名心理学家班杜拉的社会学习理论中得到证实。

这种习得方式，不仅适用于低龄的孩子，对于12岁以前的孩子都适用。小到基本的礼貌，大到价值观的建立，都更多地基于榜样和示范的力量。所以，要想让孩子自然习得良好的行为、习惯和品格，榜样示范最直观，也是润物细无声的一种方式，是潜移默化的熏陶和引导。

一位妈妈就曾经和我说：“当我把对孩子要求的关注点放到我自己身上，我发现孩子的行为反而改善了。”就是这个道理。

必要的管教：使用权威会让孩子了解行为的边界，要向孩子说“不”。

这里的权威并不是指基于暴力的权威，而是基于爱和良好亲子关系的权威。中国公安大学李玫瑾教授曾经提出一个观念，6岁以前是孩子性格形成的关键时期，家长一定要在孩子6岁以前对他们说“不”——不合理的要求绝不满足，以达到“克制任性”的目的。

对此，我深以为然。

在孩子有不合理的要求时，要如何对孩子说“不”呢？参考李玫瑾教授的方法，要遵循“四不要”原则：不要骂、不要打、不要说教、不要走开。在孩子的情绪宣泄之后，无比温柔、平静而坚定地告诉他：“你的无礼要求无法得到满足。如果你有什么好的建议，我们可以协商。但哭闹解决不了任何问题。”

只有在6岁以前被拒绝过的孩子，才能知道自己的要求并不能全部得到满足。在学会接受“不”的过程中，更重要的是他会对自己的行为先做出评估，并做出取舍，然后向社会生活良好地过渡。

没有绝对的快乐，所以就没有绝对的快乐教育。更不要把溺爱和不作为当作一种理想的养育方式。

如果父母一味强调孩子个体自身得到的快乐，就会忽视他人以及社会规则的因素，这对孩子其实也是一种伤害。只是这种伤害是最具迷惑性的一种——如同吃裹着糖衣的药片，让你先甜后苦，有时甚至是追悔莫及。

让老师关注、重视孩子的原则和方法

6岁是一个关键的年龄。这个年龄意味着孩子将成为一名小学生，他们主要的生活情境将从家庭（幼儿园）转为学校。在那里，他们将正式步入社会化的进程，从而面临更多的复杂局面和考验。同时，主要生活情境的变化也会成为检验家庭教育的一个契机，对父母来说更是重新审视教育的机会。

在学校里，每一个家长都希望老师更喜欢和关注自己的宝贝。这是人之常情。除了孩子学习成绩突出、表现好是重要的“求得关注”的方式，其实家长只要遵循一个原则、三个方法，就会让老师更喜欢我们的孩子。

一个原则

教育始终是不完美的，反映在孩子身上，就是都有或多或少的问题。

有问题并不可怕，可怕的是把问题丢给老师，因为教育不是接力，孩子更不是接力棒。这种做法之所以错误，根本原因在于，0～6岁是孩子性格与行为习惯养成的关键阶段，这个阶段主要受家庭教育的影响。

从这一点上说，小学生活是每个家庭教育结果的放大镜。只有和老师形成良性的家校互动，才能把小学阶段变成发现不良行为习惯并及时纠正的好时机。

所以，家长要遵循的原则就是：既要做家校教育的黏合剂，更要做孩子正确解读社会的“翻译”。

三个方法

第一，积极配合老师的沟通，不向老师“叫板”。

每个家庭的教育理念和方法各不相同，有可能对，也有可能错。有的家长，针对老师指出的问题和建议，为了捍卫自己“正确”的教育理念，武断地选择和老师“抗衡”。这样做，只会关闭未来更多正向沟通的可能，更关键的是丧失了让孩子成长的宝贵机会。

老师的建议，对孩子的关注，本身就是一种爱护。如果家长能做到“积极响应，认真自省，真诚反馈”，会与老师建立起同一个战壕里深厚的“战友情谊”。

第二，不是原则问题，不要当着孩子面说老师“坏话”。

老师每天面对几十个孩子，教育情境比较复杂。孩子的认知又有限，往往导致对事情的理解比较片面。当孩子受到批评，或者对老师有意见时，家长不要立刻给出“赞同”的评判，更不要主动抱怨，而是应该深入了解孩子的判断依据，并引导他从多角度理解问题，从自身出发去找到改善的空间。这样做，孩子会体会到老师的辛苦，也会发自内心地尊重和热爱老师。

反之，孩子不仅会不尊重老师，还会把问题归到老师身上。一旦这种思维习惯形成，孩子未来都会为自己的不顺利寻找各种“借口”，这一点后果会非常严重。我就曾经看到过这样的父母，把孩子在学校遇到的问题全都归咎于老师。这个孩子也养成了为自己的不顺找各种外部理由，推卸自己责任的固定思维模式。

其实，即使老师真的处理不当，只要不是原则性的问题，我们完全可以选择宽容和谅解。人都是不完美的，老师也是如此。他们不是全能的神，只是职业比较特殊。

第三，良好的修养永远是家长最好的“名片”。

老板、董事长、CEO、高管等这些光鲜亮丽的头衔，在老师眼里远不及“修养”这两个字有含金量。有修养就是接受老师的缺点和个性化差异，有修养就是能做到理解包容，不主动给老师添麻烦。

每个孩子来自不同的家庭，反映着不同的教育结果。几十个不同的孩子汇集到一个班级里，老师不可能面面俱到，做到无微不至。很多老师白天带完别人的孩子，回家还要照顾自己的孩子，还有大量的教学任务，辛苦程度和承受的压力是可想而知的。

如果能做到这些，家长不仅会为自己的孩子树立良好的人际交往榜样，更会让孩子在老师心目中的“排名”靠前。

在孩子成长的过程中，除了父母家人，老师是对孩子来说最重要的人。家长对待老师的态度，影响最大的还是孩子。如果家长多一分担当和配合，多一分理解和尊重，老师的教书育人就容易一分，老师就会多喜欢孩子一分。更重要的是，我们的孩子也会多喜欢老师一分，多喜欢学校一分，多喜欢学习一分。而这三分，会让我们的孩子受益一生。对我们家长来说，何乐而不为呢？

引导孩子正确看待巨大的贫富差距

随着经济的发展，财富的差距在这个时代不同家庭之间日益凸显。不论对于家长还是孩子来说，如何看待社会财富的差异都是必不可少的一课。因为，这实际上影响着孩子正确价值观的形成。

前一段时间，发生了一位爸爸被老师要求用普通汽车替代豪车（法拉利）接送孩子的事件。然而作为广大群众中开着普通汽车的一员，我毫不犹豫地站在开着法拉利的家长一边。为什么呢？

这个问题就像我住在普通的小区，而有人住豪华别墅区一样合理。如果我看不惯豪华别墅区里的人，那么最好的解决办法是不是应该让他们搬出来，选择普通住宅，以配合我的心理需要呢？

答案显然是——不能这么做！

我认识的一个三口之家，是北京典型的中产家庭。家里有个小男孩，在他小学二三年级时，曾经也对家住别墅豪宅的同学表示羡慕。他像其他小朋友一样，和妈妈说过“想住大房子”的愿望。

而这位妈妈想了想，首先回答他：“嗯，大房子肯定住得更舒服。”

接下来，这位妈妈又告诉孩子：“但是，不管多大的房子，都是父母辛苦奋斗的结果，都值得被尊重。我小时候住的房子不仅小，而且条件很艰苦，冬天要穿着棉袄、戴着露手指头的手套写作业。妈妈认为，住多大的房子，开什么样的车，都不会影响你成为一个优秀的人。你想想看妈妈说得有没有道理？”

是的，我非常赞同这位妈妈智慧的回答。

“大房子肯定住得更舒服”，表明妈妈认同孩子对美好物质生活的向往。这是人之常情，不论对于家长，还是对于孩子来说都是如此。但接下来的回答呢？

妈妈告诉孩子，每个家长都在尽力通过自己的辛勤劳动，创造属于自己的美好生活。所以，每个家长都应该受到相同的尊重。更重要的是，告诉孩子，“你的目标是成为一个优秀的人，而优秀的人和居住条件并不构成必然的联系”。

我所了解的这位妈妈，是一位“70后”，她成长于物资匮乏的年代，从小生活条件比较差。但正直善良、艰苦奋斗的父母给了她优秀的品格和对生活的热爱。她依靠自己的勤奋和努力，成了一个在职场上有专业实力的女性。成为妈妈以后，她依然没有停下脚步，不断地学习和成长。

所以，当她告诉孩子这些话的时候，是完全可以令孩子信服的。因为，在孩子成长的过程中，妈妈用身教言传营造了一个致力于自身建设和进取的人生榜样。而且在妈妈的话语中，孩子没有感受到干巴巴、空洞、无聊的说教，反而更能感受到妈妈发自肺腑的真诚，更能理解妈妈在平常用行动诠释话语的含义。

因此，这个孩子没有因为外在物质、不同家庭财富的悬殊差异而产生不健康的“自卑”或“嫉妒”心理。他知道，他作为学生的目标，不是关注同学使用什么牌子的手机，家里开什么车，住什么房子，而是应该像妈妈一样，自己努力成为一个优秀的人。从那天起，他再也没有觉得自己住的房子小。

中国正处于经济快速发展的时代，从贫穷到富裕用了不过短短四十几年的时间。人们从物资匮乏的年代，一下子跨越到了物质极大丰富的阶段。随之而来的是对财富更强烈的追逐，还有比较片面的以财富、地位作为衡量是否成功的主要标准。在2019年春节档的中国科幻巨制《流浪地球》中，作为“95后”的姥爷曾经回顾说：“那时候，人们都喜欢谈论钱。”这就是最生动的写照。

我经常看到这样的父母，当着孩子面说着“谁谁混得不错，住着大房子，开着豪车”；我也曾看到类似的孩子，小小年纪就各种“炫富”，或者只要看到住的房子或者开的车不够豪华的人，就显露鄙夷之色。这些行为和表现的背后，都是父母给孩子传递了一个错误的价值观——用外在物质来衡量是否成功，甚至衡量人的价值。

避免孩子拥有一颗“攀比”和“虚荣”之心的最好办法，是父母不做不健康的“社会比较”，而是始终致力于为孩子树立一个积极进取、自身不断成长的榜样。

往小了说，这是让孩子正确看待贫富的差距；往大了说，这是让孩子树立正确的价值观，专注于自身的发展、学习和成长，把自己的内心建设得强大、健康一些。这样，在漫长的人生路上，孩子始终知道自己的人生目标和方向，而不为纷纷扰扰的花花世界所动。那时，管它是法拉利，还是别墅豪宅，又有什么关系呢?

幸福人生的必备核心要素：自我和挫折

关于《千与千寻》

《千与千寻》是日本著名动画导演宫崎骏先生的代表作之一。影片讲述了一个小女孩荻野千寻在跟随父母搬家时，因为父亲走错路，一家三口误入神灵世界后发生的离奇故事。在影片开始，千寻的父母因为偷吃神灵世界的食物，被汤屋的主人汤婆婆变成了猪；充满恐惧和无助的千寻在小白龙的帮助下，在那里获得了一份工作，但被汤婆婆改名为“千”。

面对巨大的困难和挫折，千寻凭借自己的正直、善良和坚定的信念，终于帮助父母变回了人类。一家三口团聚重回人类世界之时，千寻不仅收获了亲情、爱情和友情，还有更强大的自我。

《千与千寻》是我最爱的一部动画片。电影里有很多隐喻，暗含了包括人生观、世界观、价值观、人性的贪婪与丑陋、环境保护、爱和教育等在内的众多主题。而我印象最深刻的主题，就是千寻在神灵世界中面对各种困难、诱惑，不仅没有迷失自我，反而在捍卫和追求自我中拯救了父母和白龙；既给坊宝宝等其他人带来了改变，自己也成为自己命运的主人。

初到神灵世界，看上去瘦弱单薄的千寻还是一个不知道进别人房间要先敲门、对于别人的帮助不知感谢、无礼的小女孩。看到父母因为未经允许、贪吃神灵的食物而变成了肥硕的猪，千寻恐惧而无助。此时，在白龙的帮助下，坚持向汤婆婆要到工作之后，她清醒地意识到只有无所畏惧才能拯救自己的父母。

一切的轨迹就此改变，那些称之为困难而又被千寻转化为机遇的大事件，一步步成就了千寻的强大……

善待河神：辛勤劳动，自我成长

被众人刁难的千寻和小玲在大浴室工作的第一天，就遇到了浑身散发着恶臭和边走边遗撒泥浆的“腐烂神”。汤婆婆和众人都很嫌弃他，并且冷眼旁观。千寻却尽心尽力地工作起来。最后，在她的带动下，大家一起拔出了“腐烂神”身上的那根倒刺，恢复了他“河神”的真面目，并得到了河神赠送的一颗神奇药丸。而这颗药丸成了拯救无脸男贪婪本性、挽救白龙生命的灵丹妙药。因为这次出色劳动，千寻赢得了全体汤屋侍者的认可。

千寻懂得了劳动和坚持的价值——在不工作就要被吃掉的汤屋，最好的生存方式就是努力勤奋地工作。

拯救无脸男：无视诱惑，坚守自我

并不知道无脸男是妖怪的千寻，善良地为他留了一扇可以进屋避雨的门。这一温暖的举动让这个寂寞无比的妖怪喜欢上了千寻。接下来，进入汤屋的无脸男开始用金子诱惑众人，满足他在深夜可以吃到各种美食的欲望。当他贪婪的本性在汤屋唯利是图的环境中持续发酵时，他还吃掉了三个侍者。

汤婆婆事后指责是千寻放妖怪进来，才导致了这一切严重的后果。但实际上，如果不是千寻，贪婪的欲望就无法进入众人的内心了吗？在无脸男与众人互相满足欲望的过程中，妖怪那不断变得庞大的身躯和血盆大口，正暗示着在这个环境中不断激发、放大的贪婪本性。

当无脸男用别人都喜欢的金子来讨好千寻，千寻异常坚定与从容地拒绝说："我想要的东西，你绝对没办法给我。"尽管如此，千寻却没有忘记对他伸出援手。千寻把神奇药丸的一半伺机扔到他嘴里，让他吐出了吞下去的青蛙和其他侍者，还有他被环境所激发出来的失控的贪欲。

瘦身成功、摆脱了贪婪欲望的无脸男恢复了温和的面目，此时他虽然还是顶着那张没有任何表情的面具脸，但内心已经不再是那个妖怪，而是和千寻一样纯净的孩子了。他随后跟随千寻离开了汤屋，就像千寻对小玲说的："他留在汤屋会变坏。"最后他内心宁静地成了钱婆婆的助手，生活在一个简单的环境中。

离开了利欲熏心的世界，妖怪也可以变得如此单纯！环境可以污染一个人，也可以净化一个人。

对于千寻来说，坚持自我，坚定目标才能远离各种诱惑，更可以远离危险的境地。

帮助白龙：勇敢担当，成就自我

白龙是汤婆婆的弟子，是汤屋人人惧怕而人人愤恨的"白先生"。

作为人类，他已经忘记了自己的名字。在这个未知的世界里，他想通过学习法术来使自己变得强大，所以甘心被汤婆婆所控制，帮着她做一些坏事。但在内心深处，白龙还有着善良的本性。他时刻保护着千寻，并提醒千寻不要忘记回家的路。

白龙从钱婆婆那里偷到印章，却受了重伤。正当汤婆婆觉得他毫无利用价值，打算杀掉他的千钧一发之际，弱小的千寻拒绝了无脸男金子的诱惑，铤而走险来到白龙的身边，并拿出本来为父母准备的另一半药丸喂给了白龙。

白龙得救了，并彻底摆脱了汤婆婆的控制。而此时他才知道，千寻去钱婆婆那里归还了印章并替他向钱婆婆道了歉。在与千寻回来的路上，他终于在千寻的帮助下找回了自己的名字，找回了那个失落已久的自我。尽管洗尽铅华的他没有了法术，但他可以凭借自己的能力再次回到人类社会，回到千寻身边了。

自我和挫折：成为自己人生的主宰

生命是一场自我成长的旅程。

从出生到死亡，从启程到终点，我们会经历各种磨难和挫折，我们是选择妥协、逃避，还是坚持自我、勇敢面对，这始终是个问题。

即使在神灵世界，不同的人也会做出不同的抉择——有的被变成猪忘记了自己是人类，比如千寻的父母；有的是人类但已经彻底迷失了自己，比如和青蛙一样爱吃蝾螈的小玲；有的人在模糊之间，“识时务”地依附强权想要变得强大，比如白龙。而选择不同，自我的世界就会不同，命运也就完全不同。

从另外--个角度讲，生命的成长更需要困难和挫折。没有挫折，那个巨大无比、还穿着肚兜的坊宝宝依然无法站立行走，被自己的妈妈汤婆婆永远保护在房间里，在爬行中远离充满“细菌”的外部世界。没有挫折，千寻也许还是那个对新学校漠不关心，对人没有礼貌，不懂感恩，不讨人喜欢的小女孩。

对个人而言，没有挫折与磨难，人生就会停留在一个发育不完全的阶段，心智无法成熟，意志得不到锤炼，自我也就无法变得强大。

作家王小波说过：“人该是自己生活的主宰，不是别人手里的行货。”要想成为自己生活的主人，就要勇敢面对各种挫折，让挫折成为我们自身成长得更强大的机会。对我们每一个人如此，对我们的孩子亦然。

影片的结尾，千寻成功解救了自己的父母，在向汤婆婆表示感谢后，在所有人的祝福声中踏上了回家的路。爸爸妈妈显然已经不记得曾经被变成猪的经历，但千寻记得。千寻还记得钱婆婆对她说的话：“没问题，你一定能做到。千寻，真是个好名字，你一定要好好珍惜自己的名字呀！”

是呀，生活中我们和孩子不会有千寻这样的奇遇，但我们和孩子都应该好好建设自我，在挫折中一起变得强大。

家长漠视社会规则，对孩子的影响和伤害

在各种各样的公共场合，比如餐厅、动车、飞机或者其他公共场所，总能看到这样的画面：几个孩子旁若无人地大喊大叫或者嬉笑打闹。尽管周围的人纷纷嫌弃，有的也忍不住出面建议，但仍然没有什么长效。

在公共场合，任何一个社会公民应该遵守的是具有普遍约束力的社会规则。可对于很多人来说，这一点好像特别难。从买东西排队加塞、在餐厅里随意喧闹，到集一堆人闯红灯过马路、在火车上强占别人的座位，甚至还有很多匪夷所思的其他行为。这些状况的存在不仅让我们这些围观者大跌眼镜，也应该引发每个成年人深深的思考——成年人打破社会规则的行为，会给孩子们造成哪些影响，难道真的只是规则意识的缺失吗?

家长漠视规则，付出的代价可能很惨痛

提起一些轰动一时的与“遵守规则”相关的事件，很多已经超过了普通大众的认知范围。2017年7月底，发生在北京首都机场的“逃飞机票”事件，如今想起来还让人哭笑不得——一架从北京飞往上海的航

班，有一家五口，父母带着三个孩子，其中一个孩子不足1.2米，没有买票，经过安检口、登机口两道关卡都未被发现，直接上了飞机。在飞机起飞前，孩子被乘务人员发现，最后导致全部乘客重新安检登机，航班延误5小时。2018年元旦假期的某一天，合肥一位小学女老师因担心丈夫赶不上高铁，用身体强行扒阻车门关闭，迫使高铁延迟发车。

作为一个公民，在社会中与他人共享资源，必然要通过遵循社会规则来享受公民的权利，负起公民的责任及承担公民的义务。因为，规则类似交通系统中的“红绿灯”，如“绿灯行、红灯停”这样的常识一样，如此简单。

常识的一个显著特点就在于，我们遵守时是如此容易，但违反起来也同样没有难度，所以，在很多人眼里，它显得不那么重要。但是，这并不意味着违反常识的代价会很低。如果过马路对红灯视而不见，靠着侥幸心理强行通过，最惨痛的代价就是付出自己的生命，甚至殃及他人。

2016年7月，一名女子在八达岭野生动物园东北虎园擅自下车换座位，导致自己受到老虎袭击重伤，自己的母亲在施救过程中也命丧虎口。

2017年1月，在宁波雅戈尔动物园，一位爸爸为了节省100多元的门票，翻越3米高的围墙进入动物园，又无视警示标识穿过铁丝网，跨越重重障碍，落入老虎放养区，最后命丧虎口。

这些事件无不说明，当我们无法抑制人性中那一点贪婪与狂妄的私欲，付出的有可能不是金钱所能弥补的代价，而将是血的教训，甚至生命的代价。

在生活中，我们总会抑制不住有打破规则的冲动或者行为发生。一次，我开车带着当时13岁的儿子通过一个路口时，正好绿灯变成黄灯。

我为了快速通过，踩了一脚油门。坐在副驾驶位上的儿子对我说：“妈妈，黄灯是提醒司机减速的，不是让司机加速的！”虽然我想为自己的行为辩解，但我知道他说的是对的。于是，我立刻向他承认错误。因为，规则是用来遵守的，不是用来打破的，更不应该被漠视。

孩子规则意识的树立，父母的身教重于言传

孩子不断成长的过程，就是一个不断社会化的过程。从家庭到幼儿园、从小学到中学、从大学到踏入社会，就是一步步认识规则、熟悉规则，完成从无拘无束的个体到遵守规则的公民的成长。而在这个过程中，最开始发挥作用、发挥最大作用的仍然是父母。规则意识的培养，一定要从娃娃抓起，从身边的小事做起。

我们所提倡的父母应该发挥榜样与示范作用，就是基于这个道理。身教重于言传，和孩子讲一百句道理也不抵一个真实的行为。因为，我们的孩子都有一双智慧的眼睛，他会看你怎么做，而不只会看你怎么说。

如果认识到这一点，很多教育难题就会迎刃而解，规则教育也是同理。当父母提供了一个遵守规则的示范，孩子通过观察和模仿的学习方式会在潜移默化中习得相同的行为，并在一次次重复中把遵守规则内化为自然而然的习惯，在意识中也就顺理成章地明白了遵守规则的重要性。这样的结果就是在润物细无声中成为遵守规则的合格“社会公民”。

2017年，同样是发生在飞机上的一件事给我们上了一课：一个年轻妈妈带着3岁左右的孩子乘头等舱出行，担心小孩会吵到其他乘客。妈妈事先为周围的乘客都准备了一副耳塞，还附上了一张写明原因的纸条。

当时，大量网友纷纷为这位妈妈“点赞”。乍一看，这个事例与规则没有必然关系。但如果翻过硬币的另一面来观察，在公共交通上不乏孩子大呼小叫影响公共环境，而陪同的家长熟视无睹的现象。所以，主动维护正常的社会环境就是对规则最好的尊重与遵守。

家长破坏规则，会妨碍孩子正确价值观的形成

人类发明了火车、飞机，让我们可以更快捷、更便利地跨越千山万水，完成我们探索与发现世界的个人需要。当我们的活动半径越来越长，我们必将有机会接触更多元的文化和各样的风俗，那么规则意识和行为只会越来越重要。

最近两年，随着出国留学孩子的增多，不乏学习优异的中国留学生在国外无视规则，因逃地铁票而找不到工作，因违反学校规定被处罚的例子。这些事例不禁让每个人再次思考我们成年人在孩子规则教育中的作用。

我们是应该像那位女老师一样，以一己之力让高铁列车晚点，妨碍列车上成百上千人的出行，甚至是其他列车的运营，还是应该像飞机上那位公德心满满、提供耳塞的妈妈，尊重并主动维护社会秩序？

答案自然是不言而喻的！

前几天，我碰到一位妈妈带着还在上幼儿园的女儿买东西。也许是因为赶时间，她心安理得地插入到排队队伍中间。后面的人看到她带着孩子，也都不予指责。虽然这位母亲的行为看似没有那么“轰轰烈烈”的社会效应，但和其他破坏规则的行为一样，妨碍了孩子正确价值观的形成。

社会复杂，成就孩子非凡人生的“三件法宝”

作为英国著名生物人类学家雷斯蒙德·莫利斯笔下的“裸猿”，我们人类却具有生物界中最复杂的社会属性——我们生活在各种各样的关系中。除了家庭环境中的亲密关系，还有外部环境中的不同关系，如恋爱关系、师生关系、朋友关系、同事关系等。更关键的是，我们终其一生都生活在关系网络中。

基于此，一个孩子在不断长大、社会化的过程中，面对的必然是日益复杂的社会环境。其中，如何处理好各种各样的社会关系是非常重要的一项课题。而这一点，在很大程度上决定着孩子成年以后，能否保护自己，避免伤害甚至是悲剧的发生。

作为父母疼爱一生的孩子，平安健康长大已属不易，我们该如何在孩子面向未来的成长教育中，既能打造一副使他们远离关系伤害的铠甲，又能为他们插上一双腾飞的翅膀，成就一个强大无比的自己呢?

教孩子认识社会的复杂性

从孩子成长的历程来说，他们的心智发育是逐步完善的，他们一开始会把人简单地分为“好”与“坏”。但其实，人性是很复杂的。这也就决定了，在很多关系中还有处于“好”与“坏”之间的灰色地带。

父母不仅在生活中要充分尊重孩子的行为边界（孩子年龄越大，认知水平越高，孩子自主的空间就应该越大），还应该让孩子从小懂得，任何个体都有行为边界。孩子不去侵犯别人边界的同时，更不要被他人“不正常”的边界所侵害。

要让孩子习得这一点，特别需要父母在家庭教育中融入一个非常重要的环节——社会教育，也就是提前了解这个大千世界的复杂性，以及“人类”这个物种的多样性。这就是个体教育中的“社会化”。

随着孩子年龄的增长，父母从生活点滴中就可以让他们逐步了解社会和人性的复杂：

- 和孩子充分交流他们在学校所遇到的人和事；
- 把我们工作中遇到的一些有代表性的事情与困难告诉孩子，带他们多参加一些社会活动；
- 和孩子讨论社会上发生的新闻；
- 多与孩子，尤其是大孩子，探讨书籍、电影、电视作品。

通过这些方法和交流，孩子虽然没有实际经历，但他们会通过学校、家庭的窗口来提前了解、认识这个美好与丑陋并存的社会，并学会如何防范与应对问题。更重要的是，通过不断积累，不断提高认知水平，他们会对社会中不熟悉的人或事产生一种可贵的警觉意识，并有一定的辨别能力。

同时，孩子会主动思考和建立自己的行为边界，也会在人际交往中不断实践，并通过必要的尝试来学会如何说“不”，从而提高掌控自己生活的能力。

成为孩子坚定的“战友”

每个生命从降生开始，就是孤独的。不论多大的孩子，即使是嗷嗷待哺的婴儿，他们也渴望理解与支持。只不过，他们“倾诉”的方式有些特别，哭声就是他们的诉求，得到理解和支持，他们就会停止哭泣，甚至用笑来作为心满意足的回应。

在未成年时期，孩子总是向最亲近的人——父母与家人寻求理解和支持。这是情感发展的需要，也是寻求爱的必然方式。尤其对于独生子女来说，这一点尤为明显。

伴随着孩子的长大，他们在遇到人生中的困难和挫折时，需要家人理解和社会支持的重要性有增无减。因为他们面对的社会环境日益复杂，他们要经历更多以前未经历过的事情。

在亲子关系乃至任何一段良好的关系中，最重要的基础就是“理解”，只有理解才能做到“共情”，从心理上消除孩子的孤独感，才能让他们站在自己的角度，进而发掘出热爱生活的意志和行动。而在“共情”的基础上，父母还可以凭借丰富的人生阅历，从过来人的角度帮他们去分析面对的问题，剖析利弊，以及解决问题的可能途径，并帮助他们做出尽可能正确的选择，然后还可以坚定地告诉孩子——父母将作为最坚强的后盾，全力支持他们的决定。

在这种影响下，孩子会慢慢建立起自我思考、自我选择、自我负责的良性循环。更重要的是，他们会从中体会到谁也无权控制自己的人生，只有自己才是人生的真正主人。

父母、家人成为孩子的“战友”，是他们成长过程中战胜一切困难和挫折的法宝——“我不是一个人在战斗”的能量与成功的可能性远远胜过“孤军奋战”。这也是所谓的挫折教育中非常重要的一环。

帮孩子树立远大的理想

“人的生命只有一次，我们要如何度过？”

“是追求财富和权力，还是成为一个对社会有益的人？”

我作为一名“70后”，尽管父母的文化与学识极其有限，虽然经历了物资匮乏的成长岁月，但从小在他们的言传身教中得到了一笔巨大的精神财富，那就是找到自己平凡人生的方向——成为一个对社会有用的人！在服务社会与他人的过程中，最大化自己的人生价值，成就一个有意义的人生。

人生的意义是什么？人生的目的是什么？怎样才能拥有有意义、无怨无悔的人生？作为父母的我们，完全可以用实际行动和孩子一起来追寻这看似复杂而又简单的哲学问题。孩子在耳濡目染下，自然也会去探求属于自己的人生目的。这一点往往和父母的学识、地位、财富无关。

对个体而言，只有找到属于自己的人生答案，才会从根本上认定个体奋斗的方向、实现的目标、选择的路径，以及面对各种挫折甚至苦难时的态度。如果一个孩子从小拥有良好的人生观、世界观、价值观，拥有远大的人生理想与抱负，他的视野将会更加高远。他既可以脚踏实地于现实生活，又可以不时跳出现实，到理想的高台上张望一眼，在精神世界里建立起一套丰满的体系，引领自己不迷失、不懈怠。在那平凡而伟大的目标激励下，即使屡战屡败，也会用积极的态度重新出发。如果能做到这一点，孩子的人生之路注定会精彩，因为他拥有一双强有力、可以腾飞的翅膀。

社会环境是如此复杂，对身为父母的我们提出了更为严峻的挑战。我们一定要未雨绸缪，为孩子长远的健康发展做充分的准备。用社会教育为他们打造一副保护自己的铠甲；用深深的理解与坚定的支持让他们勇于面对各种挫折，成为他们强大的“盟友”；用远大的人生抱负为他们插上一双奋力腾飞的翅膀。

既然我们与孩子终将分离，那么就让我们在分离之前帮助他们拥有变得无比强大的能力。唯有如此，才能成就他们独立、勇敢、富有追求的灿烂人生。

本站回顾

人生是漫长的，社会是复杂的，孩子没有优秀的品格、广阔的视野和格局，好成绩也只是昙花一现。阅读完本站相关内容后，试试总结归纳一下下列问题的答案吧。

◎ 为什么不要被“快乐教育”所迷惑？具体怎么做才是正确的？

◎ 父母都想孩子能被老师重视，有什么原则和方法可以轻易“求得关注”？

◎ 面对巨大的贫富差距，孩子都会有攀比心理，家长该如何正确引导？

◎ 要想孩子和自己拥有幸福的人生，有两个必备的核心要素，分别是什么呢？

◎ 家长破坏社会规则的行为，对孩子有哪些伤害？永不过时的规则意识要如何培养？

◎ 社会是复杂的，有哪“三件法宝”可以让孩子在漫长人生中始终健康发展？

本站导读

刚刚游览完上一站，你是不是有点儿累了呢？如果觉得有些劳累，不妨先打个盹儿，喝杯咖啡，或者听听音乐，放松休息一下。

小憩片刻之后，趁着晴空万里、风和日丽，我们继续开始第三站的旅程吧。

没有哪一位家长不期待自己的孩子未来取得成功。因为“青出于蓝而胜于蓝”的盼望，这是人之常情。可是对于成功的定义，是自古以来的金榜题名、望子成龙、望女成凤，还是更多元化、多维度的成功呢？

短短的40多年，中国迎来了互联网信息时代，还有即将到来的AI智能时代。社会形态的多样性和丰富性，决定了对于成功的定义也不应该是单一而僵化的。对于孩子，取得真正意义上的成功，绝不仅仅是学习成绩好、上名校、找好工作这么局限的路径。不论是作为一名学生，还是作为一个社会人，让孩子拥有宽广的人生之路是幸福生活的关键。这就需要孩子必须具备某些能力：开朗阳光的能力、情绪管理能力、人际交往能力、独立生活的能力、热爱生活的能力……

这些能力从哪里来呢？是需要花大价钱到培训机构训练得来的吗？其实不是，这些都是从生活的点滴中逐渐培养起来的。在这一站中，你将通过实例来了解这些能力是如何培养的。

“生活就是学习，生活就是教育。”

第3站

“通往罗马”的必备能力

让内向的孩子拥有开朗、阳光的能力

很多家长都会问我一个问题："我家娃的性格比较内向，虽然我知道要按照天性培养，但我仍希望孩子能变得开朗、阳光一些，明老师，您有什么好办法吗？"

我特别能理解父母的感受。因为内向孩子的一些特点，会让家长有些忧虑，担心他们是不是会没有朋友，会不会很多烦心事都闷在心里，会不会不那么快乐。

我们先一起来看看内向孩子的特点：

- 性格偏沉静，喜欢把喜怒哀乐藏在心里，心思偏重；
- 看上去不那么活泼，有的时候甚至有些忧郁；
- 不太善于言辞表达，社交能力貌似不强；
- 喜欢思考，沉浸在自己的世界里；
- 敏感而细腻，有很强的感知力。

其实，我自己的孩子就曾经是一个具备上述特质的、比较内向的孩子。所以，我特别理解父母们的担心。接下来，结合理论和实践，我将具体告诉大家，怎么做会让孩子具备一些外向的特质，也能同时拥有内向的优势。

树立开朗、阳光的榜样表率

小乐以前是个比较典型的内向男孩。在3岁以前，他在楼下公园玩的时候，总是喜欢一个人看花花草草、观察蚂蚁等。当时，我特别希望他能加入旁边一群追逐、嬉戏的小朋友中，尽情玩耍。尽管如此，我并没有勉强他改变。我的性格是属于比较开朗的，我带着他出去玩的时候，碰到邻居，或者有交流需要的、带着孩子的宝妈们，都会友善、微笑地打招呼，也会适度地做一些交流。

孩子3岁以前，在与父母，尤其是母亲建立起深深的依恋感的基础上，很多行为、习惯都受到父母潜移默化的影响。如果主要养育人少言寡语，那么给孩子营造的必然是相对封闭的环境。所以，我们会发现，性格内向、不善言辞的主要养育人（主要是父母，还有的是老人），通常带的孩子性格内向的概率也会比较高。这是由于后天的养育风格必然会对孩子有所影响。

也就是说，如果父母是习惯表达友好、喜欢与人交流的家长，尽管孩子有自己与生俱来的性格，但他通过观察，也会明白在日常生活中，父母通过人际交往获得了快乐，因为这一点从父母的笑脸上就显而易见。他会在这样的环境中，体会到积极的表达与人际交往的快乐。教育最好的方式就是润物细无声，即让孩子在父母良好的示范中去接受熏陶和影响。

曾经有妈妈问我，怎么才能让她的小孩开朗起来？当我得知她平时沉默寡言时，我给她的建议是，让自己先成为一位积极表达、善于交流的妈妈。否则，未来孩子会因此产生社交上的问题，会容易孤独。

所以，要为内向的孩子做一个开朗、阳光的表率，做表达友好、喜欢与人交流的父母，但并不过分张扬，尤其在孩子面前。

用真诚和理解建立无障碍沟通

小乐3岁以前，白天的大部分时间由姥爷、姥姥照顾，他比较黏人。在3岁上幼儿园的时候，他的分离焦虑期也要长一些，大概经过了一个多月，才初步适应幼儿园的生活。在此期间，他每天和小朋友在一起，必须面对社交能力的考验。于是，我抓住了改变他内向表现的契机。

在那些日子里，他不愿意上幼儿园，每天早上从哭着反抗，到忧郁地沉默。早上，我坚定而平静地送他出门，并告诉他“你一定会喜欢上幼儿园的”；他回家后，我每天都笑容满面、耐心地问他：“宝宝，你今天在幼儿园有什么好玩的事情？有什么不高兴的事情？告诉妈妈，妈妈特别想了解你在幼儿园的生活，因为我的幼儿园生活已经记不清楚了。”

每天孩子回到家，看到的始终是妈妈欢迎他的笑脸和热情的拥抱，还有耐心了解他集体生活的真诚与关心他新生活的热忱。于是，似乎已经憋屈了一天的他，把在幼儿园里感受到的“不快”满怀委屈地向我倾吐，我所做的就是“理解”他的感受，然后开导他，让他知道这种“不快”是正常的，只不过以前没有经历过。他把“快乐”也开心地告诉我，我就和他一起享受欢乐，高兴地称赞：“你的老师和小朋友们真好，妈妈因为你又重温了一次幼儿园生活的快乐！”

我和小乐的生活点滴

走在花丛中的石板路上，小伙子赞美我：“妈妈，你长得像朵花。”我心里乐开了花，答：“好，谢谢！”小伙子接得很干脆：“麻花。”

在这种温暖的交流中，他养成了回家一定会和我畅所欲言的习惯。而且，更为重要的是，后来他开心地出门，开心地回家了。这种“无话不谈”一直保持了12年，到现在他已经是15岁青春期的小伙子了，仍然如此。

所以，要鼓励孩子用语言表达他内心的感受，并能和他从小建立“无障碍沟通”。当然，这种沟通的前提是，你有耐心，能真正理解他，走进他的内心。

帮助孩子建立积极的逆向思维

随着小乐逐渐长大，从幼儿园到小学，他遇到的人越来越多，环境也越来越复杂。大概在二年级那年，他遇到一位×老师。这位男老师平时上课，言语间会有些粗暴，说一些比较“逆耳”的话。孩子们都不爱听，小乐也不例外。他回家总是和我“吐槽”，说这位老师不好。

我理解他的感受，一边告诉他老师每天上课也很辛苦，一边让他再多观察看看。一天，在疏导完他的负面情绪之后，我给他布置了一项作业：“从明天开始，你能找出×老师的一个优点，然后告诉妈妈吗？”

因为我们的亲子关系非常好，他愿意听我的建议并去做。过了一段时间，他放学回家高兴地和我说：“妈妈，我发现了×老师的一个优点。”我顿时很兴奋，问他是什么。他说：“今天中午，是×老师在班级里管理我们吃午饭。因为我们以前从食堂打的饭经常不够，很多同学都吃不饱，所以今天我们打了很多饭回来。×老师就嘱咐我们一定要把饭吃完，要不以后就没办法打这么多饭，我们就会又吃不饱挨饿了！”

我马上称赞他的“发现”：“你看，虽然×老师有时候语言不太合适，但他还是很关心爱护你们的！其实很多人和事情，都像一枚硬币的两面，我们要学会翻过来看看闪光的那面。”

从那天起，他对这位老师的“吐槽”消失了，并能用肯定的语气谈起×老师。学校即社会，让孩子们学会从不同视角看待不同的人和事情，并且去适应，是他们社会化是否顺利和充分非常重要的一部分。

我和小乐的生活点滴

和小伙子聊天，说我如果遇到困难，遇到坎儿怎么办。小伙子说：“妈妈，遇到坎儿有两种结果，一种是被绊倒，一种是跨过去。我相信你一定会选择第二种！”我答：“是的，我会选择第二种。”——我们的孩子总是会令我们刮目相看。

有朋友问我：“一个孩子的性格真的能改变吗？”

我的答案是：“一个人的性格也许很难改变，但我们能改变的是孩子看待问题的视角。引导孩子用积极的逆向思维去发现事物的闪光点，尽管正面是困难或挫折，但反面一定是收获与成长。”

做可以让孩子开心的父母

有一次，小乐感冒了，咳嗽、低热。我带他去医院检查。他觉得自己有点儿喘，并告诉了医生。医生认真做了检查，告诉他肺部没问题，没有喘的症状。他还是将信将疑，并问我，为什么他总感觉有些喘？

我笑着回答他：“你知道吗？对于孩子来说，有一种冷，叫你妈妈觉得你冷；对于你来说，有一种喘，叫你自己觉得你喘！”他听了，开心地笑起来。

小乐在8岁时写的小短文

熟悉的一个人

我最熟悉的人是我的妈妈。妈妈头发不长，戴着一副眼镜，总是笑眯眯的。妈妈性格很开朗，在我不舒服时她总是想办法让我开心起来。在生活中，妈妈还给我设定一些计划，让我的生活变得有趣了许多。当然，妈妈也教会了我很多技能。

我很爱我的妈妈！

性格内向的孩子心思偏重，他们有时候会想得比较多。这个特质是非常难改变的。所以，需要父母充分了解自己的孩子，善于发现孩子关心的焦点，并在生活中经常用幽默、玩笑的方式开导他们。久而久之，他们不仅能越来越阳光、开朗，而且也会用幽默的方式开导和安慰父母甚至他人。不知不觉中，孩子因为这种温暖，能带给别人很多欢乐，也会交到很多朋友。

父母要学会用幽默、玩笑积极化解孩子的疑虑。在孩子需要我们开导的时候，我们能做让他们笑起来的爸爸或者妈妈，如果生活中可以做幽默的父母，那就更好了。

除了以上四点，我们对孩子好的行为和品质进行积极肯定与赞赏，他们会因此建立起强大的自信。而且，一定要让内向的孩子找到自己喜欢的运动，他们释放活力的同时，大脑也会产生大量的多巴胺，更容易让他们快乐与阳光。

内向的孩子虽然有一些大家认为需要改进的特质，但是，如果我们父母都能做到以上几点，随着时间的推移，他们不仅会发生很多非凡的变化，也会把内在的优势充分发挥出来。

用积极的逆向思维看待问题，会让他们更容易发现事物美好的一面，变得积极、开朗与阳光；他们喜欢思考的特质，会让他们在纷乱的环境中沉淀下来，使得自己的思想更深邃而丰富；他们的敏感使他们更容易体察他人的疾苦，从而换位思考并体谅他人，用自己的善良与安慰收获更多的友情和快乐。

内向的孩子就像一个内心丰富的万花筒，父母需要做的就是帮他们打开那扇窗，让灿烂的阳光照到内心深处，他们就会散发出绚烂无比的光芒。

遵循“情绪法则”，建立情绪管理能力

情绪稳定不仅是一个成年人非常重要的能力，对于孩子来说也是如此。与成年人不同的是，孩子的情绪管理能力来自成年人的影响与熏陶。

父母该如何帮助孩子化解负面情绪？先处理情绪再解决问题。这是孩子正确认识事物的重要原则，也是亲子关系中至关重要的第一个原则——我们称之为“情绪法则”。更重要的是，父母的这种能力会影响孩子情绪管理能力的塑造。

将关注孩子情绪放在第一位

我们从6岁孩子即将踏入学校这一特殊的阶段说起。

这个年龄段的孩子具有什么样的心理特征呢？他们的心理发展表现出协调性的特点，心理活动是比较开放的。因为孩子的经历有限，心理活动纯真、直率，没有明显的封闭性，其情绪情感的表达比较外显，不善于修饰和控制。

进入学校，孩子面对老师和同学，生活的环境和社会关系趋于复杂，孩子会面临人生中很多第一次。因为之前没有人生经验可以借鉴，他们通常会显得有些手足无措。他们的喜怒哀乐，就是对于这种状况最真实的反映。而这个阶段的心理特点，使得孩子情绪表达上比较外露，不加掩藏。这种不加掩饰为父母提供了建立良好沟通的最佳契机。所以，良好的沟通一定要从关注孩子的情绪开始。

孩子每天上学、放学的第一件事情，请父母贯彻“情绪第一”的法则!

每天送他们上学，到了学校门口，与其用父母经常嘱咐孩子时所说的“好好学习”，不如满怀期冀地说：“宝贝，祝你一天学校生活愉快！”每天他们放学之后，不论有没有见到孩子，即使是通过电话，也要满含关切地问他：“宝贝，你今天开心吗？”

对于任何一个刚踏进小学的孩子，开心、愉快是他们最重要的事情!只有这样，才会让他们热爱学校生活，喜欢老师和同学，才能让他们喜欢上学习本身。

当孩子回答“开心”，家长一定要乘胜追击，由衷高兴地问他：“太棒了！快告诉妈妈，是什么事情，让妈妈也高兴一下！”也就是说，要让孩子及时分享自己的开心，因为爱他的家人都会为他感到高兴。

当孩子回答“不开心”，家长更不要松懈，可以关切地问他：“是吗？我想一定是发生了什么令你不愉快的事情。你可以告诉妈妈，妈妈会帮你分担。”这也就是说，要让孩子及时吐露他内心的不快，因为此时孩子还不具备自己消化负面情绪的能力，而父母是他的情绪疏导员，也是他最坚强的后盾。

家长不要漠视和取笑

我曾经遇到这样一件事情：

一位一年级的小学生向爸爸妈妈倾诉他为什么不喜欢小学。尽管已经经历了半个学期，这个小男孩仍然没有适应。想起即将开学的日子，竟然自己哭了起来。妈妈在旁边连连安慰，小男孩哭声渐停。

但是，爸爸却在旁边半开玩笑地说："我还没告诉你学校里有更恐怖的事情发生呢！"那个小男孩马上哭得更厉害了，并对妈妈说："妈妈，你快别让爸爸说下去了！"

面对此情此景，大家一定和我的观点一致：这位爸爸处理问题的方式是极其错误的。

当孩子有负面情绪时，家长不要做旁观者，更不要拿孩子的情绪开玩笑，要做到理解他们的感受，并帮助他们想办法积极应对，克服困难。这就是心理学中所说的"共情"。

做到共情的四个步骤

家长要做到和孩子充分共情，可以分如下四步走：

第一步：识别场景，判断是否需要共情。

当孩子有负面情绪时，不要一味地共情。只有当孩子正常的心理诉求与情感受挫或者没有得到满足时，才需要父母共情。对于孩子不合理需求没有满足的情况，父母适宜冷处理，平静、温柔而坚定地面对孩子的任性。

第二步：发自内心、真诚地感同身受。

孩子的认知水平虽然需要提高，但他们对情绪、认知有敏锐的感知力和判断力。只有发自内心的行为和语言才会起到作用，否则会让孩子觉得父母太虚假，反而拉远了彼此的距离。而是否能做到感同身受，要看在养育过程中父母能否站在孩子的角度看问题。经常换位思考的父母，很容易做到感同身受。

第三步：采用多种表达方式，平复孩子的情绪。

“我理解你的感受！”这样的语言有时过于苍白，会流于形式，没有温度。面对内心丰富的孩子，父母需要多样的表达形式。比如，一个无须语言的拥抱，轻轻抚摸着孩子的背，等等，都会传达出我们对孩子的理解和爱。

一个温暖的举动，甚至一个会心的眼神，往往胜过万语千言。

第四步：负面情绪缓解之后，别忘了说表示支持的话。

“我们一起来这么做，怎么样？”或者“你需要妈妈为你做什么？妈妈会一直支持你！”孩子需要在负面情绪释放之后，得到支持的力量。所以，我们不要忘了给予他前进的动力。久而久之，这会让他的内心变得日益强大，并且成为他内心的原动力。这就是“爱”的力量。

真正的共情会拉近孩子与父母的心理距离，让孩子感受到被理解、被关注和被支持。让那些在他生命中出现的不愉快的体验，不断变成自己的人生经验，直到可以应对自如。而这一切的起点，就是从帮助他化解负面情绪，提高他的情绪管理能力开始。

对于6岁的小学童来说，当学习开始成为孩子的主导活动，当学校成为他们生活的主要场所，他们所要面对的世界更加复杂。而当人生的第二次“自我意识”在他们体内壮大，他们更加需要父母的支持和帮助，爱上学校生活。在家长的帮助下，他们逐步拥有调整负面情绪的能力后，便可以自行处理很多事情，应对各种局面。慢慢地，他们的情绪管理能力会越来越强，而随着认知水平的不断提高，他们也将越来越成熟和稳定。

其实，不论多大的孩子，“共情”都是父母与孩子建立良好沟通、亲子关系的关键。共情可以始于孩子出生，却没有截止日期。所以，“情绪第一”的法则，请从今天开始吧！

未来取得成功的关键：人际交往能力

小乐刚上小学的时候，有几天放学闷闷不乐。妈妈问他为什么不开心，他答："因为没有朋友。"妈妈又问他："你是怎么来识别谁是你朋友的呢？"小乐回答："观察呀。"

妈妈听了微微笑了一下，然后蹲下来扶着他的肩膀，温柔地说："傻孩子，'朋友'两个字不是写在额头上的，你要去主动交流和了解，才能发现谁是你的朋友。"几天之后，小乐回到家兴高采烈地对妈妈说："妈妈，我有朋友了。"

这是九年前入学季的画面，它清晰地印刻在我的脑海中。小乐在小学里成功找到了他的朋友。我知道，他以后再也不会在学校里感到孤单了。

小学，意味着孩子主动社交的开始

学校不仅为学生提供了系统地学习各种文化知识的机会，也为他们提供了交往的时间和空间。长达六年的小学生活，将为孩子人生中重要的社会化发展提供充足的条件。而这一点正好与6～12岁孩子的发展需求相吻合。

这个年龄段的儿童，有主动去发展更广泛同伴关系的需要，并具备了更强的自我概念，在群体中会不断认识自我。同时，他们在这种小的社会环境中去追求卓越感，并以此为基础建立自信或者变得自卑。

人格发展需要的变化，一面促使孩子有开展人际交往的内在动力，一面因环境的陌生、经验的缺乏，又让他们显得忐忑不安，无所适从。当然，同时需要建立的不仅是同伴关系，还有师生关系。

这一切是孩子与家长共同面对的挑战。如何帮助孩子成功破冰并游刃有余呢？从鼓励他们勇敢表达自己开始。

鼓励孩子勇敢表达自己

如同文章的开头，没有语言交流对孩子意味着没有沟通。所以，家长一定要鼓励孩子多表达自己。6岁的孩子语言功能已经发展得相当好，因此，鼓励他们多用语言表达自己的想法，包括心中任何的疑问，以及主动说出关爱别人的话语。这是让老师和同学了解自己，也是了解老师和同学的最重要途径。

语言的条件已经具备，关键是让孩子树立表达自己的自信。即使是孩子上课回答问题发生错误，家长知道后也要给予赞赏，因为重要的是敢于表达，结果并不重要。

有这样一则新闻：

曾有一位17岁的男孩，在6岁上小学一年级课堂发言时，因为声音比较小，被老师说了几句。从此，这个男孩就很少开口说话，在家里也是如此。这种状况竟然延续了11年。

如果从表面上看，这个男孩十几年的“失声”是那位老师批评的结果。但实际上呢，肯定不是，背后一定有学龄前家庭养育不当或者疏忽的主要原因——孩子必定经历了家长太多的苛责，没有自信去表达，才会让老师的批评成为压垮骆驼的最后一根稻草。冰冻三尺，非一日之寒。所以，孩子在学校内的生活状态处处反映着家庭教育的结果。鼓励孩子勇敢地表达自己，从家庭生活开始，从现在开始。

鼓励孩子勇敢地表达自己，不对结果做否定性的评判，是家长给予孩子的莫大支持。

帮孩子创造社会交往的机会

基于良好的亲子关系，家长每天与孩子充分地交流，会得到很多小伙伴的资讯。我们不要放过孩子念叨过的每一个小伙伴的名字。

进入小学，家校教育的结合是通过密切的家校沟通来实现的。在这个过程中，家长之间也有着频繁接触的机会。这个时候，我们就可以“双剑合璧”，向小伙伴的家长主动发出邀请，为孩子们创造进一步深入了解的机会。

一起运动，一起去公园玩，一起看电影，一起野餐……都可以满足孩子的社交愿望。增进了解的同时，让孩子们发现彼此认同的地方，并以此为纽带建立朋友关系。

作为父母，也可以借此了解对方的家庭背景、价值观、人生观等，评估孩子的交友标准，必要时引导孩子，同时拓展自己的朋友圈。孩子年龄还小，他们的交友观念主要来自家长的熏陶（包括学龄前阶段）。一般，孩子都会选择志趣相投的伙伴作为自己的朋友。

不对孩子的朋友发表负面评论

这个年龄的孩子，心智还不成熟，看问题比较片面，又很情绪化。在发展人际交往技能的过程中，经常出现今天和一位小朋友“如胶似漆”，明天就因为一件小事“翻脸不认人”的反复状况。

作为父母，我们在了解孩子之间发生的情况后，一边可以贯彻“情绪第一”的法则，疏导孩子的负面情绪；一边尽量为对方小朋友说好话，淡化孩子对朋友的负面判断。即使当家长认为对方小朋友真的做得不对时，也不要妄下结论。

这是因为孩子的描述带有对自己有利的倾向性，而且每个小朋友都有优缺点。学会让孩子既能发现他人的优点，又能包容他人的缺点，这是锻炼他全面看问题，并提升社交能力的重要环节。

做到这一点，也意味着家长不把自己的观点强加给孩子，让他学会自己判断和选择。这是家长与孩子之间的行为边界，也会给孩子带来更大的成长空间。

为孩子的社交能力发展助力

在孩子学龄前，父母通过身教言传来为孩子树立正确的择友观是必不可少的一环。拥有良好的价值观、积极正向的家庭文化，会成为孩子未来发展人际交往能力的重要基础。

另外，在孩子入学后，积极肯定、赞赏他们的交往能力，并给予必要的指导，会让孩子在社交中更加自信。我们可以把从书籍、电影、自己生活中的实例分享给孩子，让孩子充分体会到友谊的力量与温暖——“在家靠父母，出外靠朋友”这句话绝非虚言。

不要让孩子只关注学习成绩，而是要把“多交朋友”也作为重要的发展目标之一，这样不仅符合孩子的人格发展特点，更会让小学阶段的学习生活收益最大化。多发现小朋友的优点并向他人学习，这不仅让在学校的孩子不感到孤单，享受到更多乐趣，同时也是他们未来立足于社会并取得成功的关键。

六年前的某一天，已经三年级的小乐放学后给他的好朋友打电话：“老田，你今天怎么没来上学，是不是生病了？现在好点儿了吗？我告诉你今天的作业布置了些什么！”这像退休老干部之间的对话，让我和“老田”的妈妈忍俊不禁。

好朋友，对每个人来说，都是极其珍贵的财富，而这一点，与年龄无关。

锻炼孩子独立能力的方法与风险防范

案例1：7岁小女孩的农场之旅

一位妈妈曾问过我一个问题："明老师，我的女儿上小学二年级。以前放假从来不愿意自己去参加夏令营。我们一直希望锻炼她的独立能力。最近的小长假，她一个好朋友的奶奶正好要带着她的好朋友去外地的老家农场，问她去不去，孩子特别想去，我们也高兴地同意了。但很多人说我不应该这样做，因为有很多不确定因素，我很犹豫，到底应不应该让孩子去呢？"

问题分析

针对这位妈妈的问题，我了解了一些更具体的情况，也说了我的建议。其实，该不该去可以从3个方面考虑：

1.确认孩子的临时监护人是否可靠；

2.孩子所去的地方是否安全，需要仔细评估；

3.孩子是否愿意去。

在和这位妈妈分析的过程中，她告诉了我这3个问题的答案：

1.这位好朋友的奶奶是经常来往的，人绝对可靠；

2.孩子所去的地方是乡下的农场，具体什么情况完全不知道，是否安全无法保证；

3.孩子非常愿意去，早早就收拾了行李箱，买了小零食。

针对第二点，我又问妈妈，是否可以让爸爸或者妈妈同去呢？这样既解决了监护与安全的问题，也可以减轻那位孩子奶奶的负担。毕竟，带着别人的孩子外出，责任重大。

而这位妈妈又产生了新的疑问："如果爸爸或者妈妈陪同，那不就无法锻炼她的独立能力了吗？"

我告诉她："其实不是的。这次乡下农场之旅，不同于假期的夏令营，也不同于独自坐飞机，确实存在着很多不确定和不可控因素。对于7岁左右的孩子，尤其是女孩子来说，更应该确保安全。我们陪伴孩子出行，不是为了阻碍她发展独立能力，而是为更好地锻炼她的独立能力做准备。因为放手是需要条件和时机的。"

案例2：8岁小男孩定向越野的寻宝之路

我的孩子小乐三年级时经历过一件类似的事情，不妨和大家说说。

事件：参加寻宝的定向越野，两到三个人一组，随身带手机、指南针、地图；

地点：圆明园的万春园；

目的：组织方建议家长不要跟随，锻炼孩子的独立能力；

小乐的情况：和他的好朋友小强一组，很兴奋，跃跃欲试。

问题分析

作为家长，我的做法：

1.了解环境的复杂程度，评估安全性。

我去过几次圆明园，但大部分是在福海和遗址区域活动，对万春园的情况不了解。在判断孩子能不能独立完成这项活动之前，需要先了解环境的复杂程度。在仔细观察了地图之后，发现此处有两个特点：一是水系比较多，另一个是路径曲折。这说明其中是有很多安全隐患的。

我发现即使让我单独在这条线路上找那些“宝贝”，难度也不小！根据我对小乐和小强的了解，我判断他们独立完成任务的可能性非常小。

那么，怎么办呢?

2.采用合适的策略，让孩子在安全的前提下尝试。

看到他俩兴奋地要开启“独立之旅”，我如果很直接地表达我的判断和担心，会严重挫败他们尝试的勇气和自信，让他们觉得大人不信任他们，这点可不好。于是，我什么都没说。看着两个小伙伴高兴地出发，走了大概50米之后，我也出发了。我边观赏风景，边暗中观察两个小家伙的状态。

没走多远，他们就发现了我的踪影。小乐非常不开心：“妈妈，你是不是不相信我们的能力呀？”我笑着回答：“没有，妈妈相信。但妈妈也没来过万春园，我也想逛逛。你们走你们的，我走我的，咱们互不干扰。你们有能力自己完成任务，何必在意我呢？但是，万一你们需要妈妈帮助，可以和我说。”

小乐听我这么说，安心地和小强忙活自己的事情去了。

3.意外情况出现，伸出援手。

过了一会儿，两个孩子过了一座桥。仔细看了看地图之后，他们继续前行，结果转了两圈，都回到了同一个地方。这个时候，孩子发现事情不那么简单了，再研究了一下，又沿着水边绕了一圈。这时候，天下起了小雨，两人开始不耐烦了。

两人又仔细地研究了一番之后，还是没有头绪。没办法，小乐跑过来找我。“妈妈，你看看这地图，我们怎么看不懂，迷路了。”我先提醒他们，沿着水边走的时候，要保持足够距离，否则雨天路滑，会比较危险，然后拿过地图，和孩子们仔细研究起来。

地形其实是很复杂的。我们又尝试着走了一次，还是回到了原地。我们三个又将地图和实际场景中的桥、标识仔细对照，终于搞清楚了方位，沿着正确的路径出发了。

在剩余的路程中，我不断启发两个孩子自己分析和判断，能不干预的就袖手旁观；实在有困难的，才为他们提供分析方法和解决路径。就这样，我成为他们的一个“小伙伴”。大家开心而又非常有收获地完成了定向越野。当我们回到起点的时候，还没有其他孩子回来。有很多大孩子，也纷纷迷路无法完成任务。他们的家长接到孩子的电话，起身去找孩子了。

尽管这次小乐和他的好朋友小强没有“独立”完成圆明园的定向越野，但他们却通过这次经历积累了经验，做好了真正独立的准备。我相信，如果有下次定向越野，他们完全可以安全地独立尝试了。

锻炼独立能力的方法与风险防范

锻炼孩子类似的独立能力，比如，什么时候让孩子自己上学放学，什么时候可以让孩子独自坐出租车，具体的方法是什么呢？

1.先评估环境或者情境的安全性与复杂性，采取必要措施达到安全边界。

在我们“70后”小的时候，社会环境相对简单。而目前社会的复杂程度远远超过了我们的想象。所以，评估环境是最重要的前提，也是最重要的一项工作。

需要考虑孩子可能遇到的各种主要情况，以及孩子认知的水平。如果发现不安全系数比较高，应考虑采用其他措施达到安全边界，如由直系亲属作为监护人陪同等方式。

2.平时注重对孩子安全意识的培养和做好必要知识及经验储备。

比如，如果希望孩子自己上学放学，就要提前告诉孩子，一个没有不良企图的成年人一般是不会找小孩问路的；如果需要坐公交车，就要带孩子先体验乘坐公交车的安全方式；如果骑车，就需要提前带孩子熟悉几条路线；如果使用共享单车，就需要教会孩子使用相应的手机应用程序。包括一些社会新闻的探讨和交流，要让孩子知道如何识别危险，如何保护自己。

前面关于小乐定向越野的例子，实际上就是一种经验的积累和必要的准备。

3.生活中为孩子提供一些独立的小契机。

每个孩子内在都会追求自由感。在他们独立做“大事件”之前，可以让他们在小区里和小朋友一起玩，也可以让他们去家附近的小超市买冰激凌之类的商品。在家长可以评估的安全范围内，让他们尽可能多去独立参与生活的各个环节。这本身就是一种锻炼。

4.当不能满足孩子外出或者单独行动的要求时，要采用策略不挫伤他们探索的热情和信心。

比如小乐在定向越野中的情形，我们不宜直接说“不行”，而是应该采用策略，既给孩子尝试的空间，也满足我们对孩子安全的把控。

案例1中的那位妈妈，经过评估也认为这次农场之旅并不是真正的好时机，她很智慧地为女儿提供了家长同去的方案。孩子既没有被父母否定“独立的能力”，也没有感到不快乐。这种方式是对其内在发展动力的最大保护。

5.耐心等待让孩子迈出“大步”的时机和条件。

我告诉案例1中那位妈妈，即使这次去不成农场也没关系。生活总会源源不断地提供很多其他的机会，不用担心没有更好的时机。

而且，等孩子真的喜欢上独立的感觉，也许父母会有很强的失落感。小乐习惯自己放学回家后，即使在路上遇到我，也是打个招呼说：“妈妈，我先回家了。”那一刻，我看着他自己潇洒远去的背影，心里真有种说不出来的感受。

一切独立能力的培养，都应该并且必须以安全为前提。离开了这个条件，我们会人为让孩子陷入危险的境地。尤其在当今社会环境特别复杂的情况下，切记不能为了锻炼独立能力而太过刻意。孩子们要顺利、平安地长大，并不容易。需要等待孩子内部和外部时机成熟，父母才可以稳妥地放手。

一位父亲曾经说过他的女儿在小学二年级时自己从石景山打车去西直门上课的经历。他让孩子在上车后把出租车牌号电话告知父母，以确保安全。这大概是十年前的事情了，放到现在，我个人觉得这样也不见得能保证安全。

所以，父母们要做的就是审时度势，充分评估，做好准备，耐心等待。在时机和条件来临的时候，让孩子们享受独立带来的自由和操控感。

“条条大路通罗马”：热爱生活的能力

每个人都渴望成功与幸福。因此，每个人在为了心中的“罗马”努力奋斗的路上，必然要面对各种挑战和困难。而此时，该如何做出抉择与行动？是抱着“一条道跑到黑”的执着，还是“条条大路通马”的灵活？这是每个人都要去解答的命题，不论是父母还是孩子。

学会妥协：坦然接受不同的选择

我的孩子小乐在2017年升入了初中。这所中学的教学方式不同于传统，除了语文、数学、英语等必修科目，还有几十门艺术类、科技类及体育类的选修课程，每个学期开始前，学生们可以根据自己的喜好选课。但由于每门课程设定人数有限，以及学生的选课速度不同，很多学生无法选上最满意的课程。

对此，在新生家长会上，介绍学校教学特点的老师就明确告诉我们：“孩子们现在以及未来要经历各种事情，不可能事事都让他们满意。我们想，通过选课这种方式，让他们学会妥协——能坦然接受生活给予他们的其他选择，哪怕是自己最不愿意上的课程。”

这一席话，一直深深地印在我的脑海里。

是的，人生需要妥协，因为优质资源的供给始终是稀缺的，而对优质资源的需求远远大于供给。不论人生的哪个阶段，都会面临这样的问题。

在家庭中，在幼儿园里，在学校里，在工作中，我们要经历各种各样的选择。有选择就会有不尽如人意的情况发生。学会妥协，学会更好地适应这个社会，就成了我们以及孩子的必修课程。当然，并不是所有的事情都要妥协，而是在不违反社会法规、大原则的前提下，学会接受不满意的结果。

适当的妥协不会让我们丧失自我，反而会让我们站在一个不同的视角，去发现生活提供的一个新的机会。“上帝为你关上一扇门，却必定会为你打开一扇窗。”因为妥协，我们会为自己收获更多的人生风景。换而言之，一种失去必然会有另外一种收获。

谁的人生都会经历孤独、经历伤痛，都会是遍体鳞伤的过程。现实世界虽然并不完美，甚至有时很残酷，但并不会堵死所有的路。对个体来讲，我们要在生活提供的各种选择面前始终怀揣希望，用积极乐观的生活态度，善于发现生活的美好与温暖。这种热爱生活的能力，远比任何一种才能都重要。

让孩子拥有热爱生活能力的方法

小乐在小学三年级的时候，午餐时间经常负责先给同学们分发饭菜，然后自己再吃饭。有一天，他发现已经没有饭菜了，就去食堂找师傅们盛饭。可是，到了食堂发现饭已经没有了，最后，他吃到了一份炸酱面。

那天放学，他没有沮丧，反而兴致勃勃地和我说：“妈妈，我今天吃到了一份与众不同的午餐。”我高兴地听着他讲述，我知道，他以后还会面对很多不如意，他也会知道坦然接受和积极面对。一个有弹性、有张力、可以自我调节的人，才会发现与拥有哪怕非常微小的幸福。

而对孩子们来讲，这种能力的赋予者，最应该是我们父母。如果我们能做到以下4点，将会让孩子们的人生受益无穷。

1.从小为孩子提供真正的爱与温暖——无条件的接纳和深深的理解。

每个孩子都是独一无二的。他们有自己的天赋，有自己的智慧，有着与生俱来热爱生活的能力。作为父母，要真正以儿童为本，站在他们的角度欣赏、鼓励他们的成长，用言传身教的榜样力量，结合学校教育与社会教育来逐步完成儿童的社会化。

只有在爱与温暖的环境下成长的孩子，未来才有感知并传递爱与温暖的能力，他们的内心才不会那么封闭与孤独，思维也不会那么僵硬。

2.从小注重培养孩子广阔的视野和人际交往能力。

一个人的视野展现的是他看待社会的角度与高度，也能说明他的心胸与格局。狭窄的视野决定了一个人无法接纳社会的多样性，容易导致只站在自己的角度来评判和决策，这其实是一种狭隘。狭隘通常不会给自己带来益处。

有句老话，“在家靠父母，在外靠朋友”，说得简练而精辟。在这个世界上，每个人都生活在各种各样的关系里，说明人际交往能力是多么重要！

研究证明，人际交往能力是一种实践智力，是可以通过后天学习而提高的。从小注重让孩子多参加各种活动，多接触不同的人，既提高了人际交往能力，又扩大了视野，二者是相辅相成的。

3.从小培养孩子的自信心和抗挫折能力。

自信是一个人相信自己可以战胜困难与挫折的能力。相比自卑的人，自信的孩子拥有较强的自我调节能力。在面对挫折时，他们更容易积极、乐观地寻求解决问题的方案。他们关注更多的是自己努力的过程，而不是结果，并在过程中收获成就感。

现实生活中，自信的孩子更易以一种健康的精神状态来面对不可避免的压力与生活灾难。一位哈佛心理学家曾经说过："一种成功的适应状态的显著特征，就在于它为未来的成长保留了开放通道。"

4.从小让孩子学会自我选择与自我负责。

这种自我选择包括从小决定自己穿什么衣服，选择哪类兴趣班，选择什么样的朋友，选择哪所学校，长大了选择哪个专业，等等。

自我选择必然会自我负责。重要的是，在自我选择中，孩子学会了站在不同的视角看待问题本身，继而找到不同的解决路径，学会接受不同的选择结果。

在这个过程中，孩子自然就学会了妥协，向外部世界妥协，向自己妥协。"条条大路通罗马"，当一条路行不通的时候，还有其他的路径可以到达；如果确实无法到达，也可以选择次优目标。

学会了自我选择与负责，就学会了掌控自己的生活，就不会轻易让自己的人生陷入失控的状态。

在这个日新月异的时代，孩子们身处的成长环境是非常复杂与多变的。作为父母，再也不能用传统的、静态的视角和思维来面对今天的孩子和未来世界的主人，而应该以崭新的、广阔的、动态的成长性视野和思维，实现与孩子的共同成长。

孩子的成长与学习也不再被固化在知识技能、学习成绩的提高，他们最重要的是学会如何生活。我们父母要在孩子独自面对复杂的人生境遇之前，为他们提前做好充分的准备，为他们未来的健康成长打开一条开放的通道。

大哲学家罗素有一句话：“参差多态乃是幸福的本源。”希望所有的孩子，作为独一无二的珍宝，都能发现成长之路上的美好，坦然面对各种人生境遇，并始终怀抱对生活的热爱，抵达自己心目中“罗马”。

本站回顾

希望孩子获得成功，是人之常情。要想获得成功，需要孩子逐步具备一些关键的能力。阅读完本站相关内容后，试试总结归纳一下下列问题的答案吧。

◎ 不论是内向还是外向的孩子，希望他们一生开朗、阳光，该从哪几方面做起？

◎ 家长要如何帮助孩子塑造良好的情绪管理能力，让他们爱上学校、爱上学习？

◎ 对于一个学生，培养他的社交能力极为关键，你还记得是哪四个步骤吗？

◎ 锻炼孩子独立的能力，需要怎么做，既可以管控风险，又恰到好处？

◎ 漫长的人生，不如意十之八九，该如何具备热爱生活的能力？

本站导读

6岁，对孩子来讲是具有特殊意义的年龄。从此，他们正式告别学龄前，成为小学生，开启了未来至少12年的学生生涯。学校成为他们最主要的活动场所，学习成为他们最重要的任务，学习成绩也无可回避地成为他们要习以为常面对的事情。但真的可以“习以为常”吗？

提到教育，绝大部分家长存在一种焦虑。“学霸”“别人家的孩子”“牛娃”这些字眼应运而生，同时也不断把焦虑放大。小学阶段的6年，最重要的任务就是培养孩子良好的学习习惯和学习能力，为终身学习打下坚实的基础。这一阶段对孩子的影响不亚于学龄前的6年对于孩子成长的意义。

提到目前的宏观教育环境，很多家长都有所诟病。现实看上去似乎无力改变，那么，真的就只有抱怨，甚至只有用脚投票的选择吗？其实不然。宏观环境看似无力撼动，但我们尚有作为之处——要努力从可以掌控的微观环境中，在应试教育和个性化教育中寻求平衡，这样，才能不让“学习成绩”成为孩子痛苦不已的紧箍咒，而真正立足于“终身学习能力”的培养和提高上。

孩子学习所带来的考验是双重的。如何做一名智慧的家长，尽量不焦虑、不盲从，帮助孩子打造过硬的本领，让他们成为学习上的“牛娃”，是这一站要探讨的主题。

需要特别说明的是，这里的学习是广义的学习，并且指的是真正的“学习能力”。因为，一个拥有良好学习能力的孩子，才能取得良好的学习效果，并在未来立于不败之地。

第4站

如何养成一个“牛娃”

“牛娃”成就之路

我第一次听到“牛娃”这个词，是陪孩子备战有名的北京市海淀区“小升初”考试。那些早早就“上岸”的（表示孩子被名校或者其他优质初中录取），被统称为“牛娃”。后来，又发现“牛娃”其实就是指“学霸”。

说句心里话，我也曾因我的孩子不是“牛娃”而焦虑过，但好在焦虑的时间没有超过96小时。在那4个日夜里，我反反复复思考，想明白了这些问题的关系和答案：孩子能否成为“牛娃”，全在家长的“眼力”如何。“牛娃”还是“普娃”，那把尺子，全在父母心里。

为什么这么说呢？

外在评价：别让分数成为不能承受之重

法国一项社会学研究成果显示，学校在一个人的成长过程中起到的作用只有15%。学校跟孩子的成长、成功，只有相关性。唯一和孩子成长有因果关系的是家庭。

这也就是说，一个孩子的成长应该是家庭教育、学校教育、社会教育的综合作用。其中，家庭教育是重中之重，因为家庭教育是学校教育与社会教育的基础、桥梁和纽带，只有良好的家庭教育才能让其他两种教育发挥出最大的功效，什么样的家庭塑造什么样的孩子。现在，很多父母在孩子学龄前，关注的重点往往是孩子能认识多少汉字，能说多少英文单词，能背多少古诗词……这些可以量化的指标除了一目了然，还有一个极大的优点是便于比较。

上学之后，量化的指标更加明确，那就是学习的成绩，考试的分数——这些成了最重要的外在评价标准。于是，对于每天回到家里的孩子，父母关注的焦点再多，但殊途同归，最后都会指向那个始终高居"神坛"的成绩。在学校里已经学习了一天的孩子，回到家里本来应该放松，享受快乐的家庭时光，却因为作业、考试等各种原因生活在训斥、唠叨与批评当中。

难得的周末时光，也被各种补习班占满。在孩子的成长空间里，到处都充满着分数、成绩。于是，家庭环境与学校环境变得几乎没有差别，甚至于因为父母对成绩的过度关注和对成功的极度焦虑，使得家庭氛围变得更加具有压迫感，尤其表现在，很多父母在家里与孩子之间最大的冲突就是来源于学习，很多家长和孩子之间甚至除了学习就没有什么其他共同话题，或者是谈什么都行，就是不能谈学习。

渐渐地，家庭教育与学校教育的评价体系变得一致。而且，随着孩子年龄的增长，本应不断增加的社会教育也变得无足轻重，孩子们就像生活在只有书本知识的空气中，并不是生活在这个社会中的实实在在的"社会人"。

这样的后果非常严重——当成绩与分数成为孩子成长中最重要的事情，也就成了他们无法承受的重负。个体是应该生活在多维空间中的，但我们的孩子似乎只生活在二维的世界中——被标注在由年龄与成绩所定义的象限里。这样的学习与生活还会有快乐可言吗？

我曾经听到一个11岁的小女孩在英文课外班中用"torture"（痛

苦）造句——“Study is a torture.”（学习是痛苦的。）我听了心痛不已。我真想告诉这个可爱的小女孩：“孩子，学习本应是刻苦的，但绝对不应该是一种痛苦。”

内在评价：化痛苦为快乐的度量衡

作为经历过被称为北京竞争最激烈的海淀区“小升初”的娃妈，我做了深入的了解和深度的思考，我认为，大部分优质教育资源的选拔标准，就是用一个有相同尺寸的、圆孔的筛子，在上下颠簸中筛选出形状各异的“面粉颗粒”——那些想要选择优质教育资源的、成千上万的孩子。

每想到此，我心中不免有些愤懑，也为孩子们感到不公平。每个孩子都是独一无二的个体，天赋各不相同，与众不同才是他们共同的使命。如果用相同、单一的标准来衡量未免简单粗暴，并且抹杀了孩子的个体差异。

尽管如此，对人口众多的中国来讲，现行教育体制有其适合国情的一面。更何况，在社会中摸爬滚打多年的我，已经慢慢认识到，社会本就不存在绝对的公平。所以，与其困顿于大环境各种“不公平”的纠结和愤怒，不如放宽视野，修缮自己的内心地带，让我们作为父母的角色更加强大——我们完全可以从自身做起，努力为孩子的成长撑起广阔的成长空间，为孩子营造多样的微观环境。

基于此，我们才能为孩子找到化痛苦为快乐的神奇度量衡，提供多维度的内在评价体系——正直善良，乐于助人，热爱生活与学习，勤奋，积极进取……这样，才能在我们可控的世界中洒满“公平”的阳光！

作为父母，用客观、个性化的视角来评价我们的孩子，这才是对孩子最大的公平。为孩子提供一套真正适合“人”的发展的评价体系，而不是仅仅把孩子看作学习的机器。这不仅是家长在教育中远离焦虑的不二法宝，也是我们能在最大限度上影响教育环境的正确模式。

每个孩子都可以是“牛娃”

五年前的一天清晨，抱着重在参与的态度，我送小乐去参加人大附中的早培考试。其实，我知道他不是可以被选中的“牛娃”。在等待他的时候，我发现微信里有一个凌晨4点发起的好友申请，一看，原来是小乐一位早已经移民的女同学的妈妈。我有点儿惊讶，因为她们在国内时，我们之间的交流并不多。

互相问候之后，她告诉我，移民半年多了，她的女儿提起最多的同学就是小乐——因为她的女儿比较弱小，曾经被班里一些同学嘲笑、欺负，这时，挺身而出、保护她最多的总是小乐。虽然以前听小乐偶尔提过，但从这位妈妈的叙述中，我心里仍感到前所未有的震颤，随之而来的是无与伦比的感动，心头发热，眼泪已经冲进我的眼眶，模糊了我的视线。

小乐考完试出来，尽管他说考得很糟糕，我却拉着他的手，无比坚定和自豪地对他说：“不论考得如何，你永远是妈妈心目中最优秀的孩子，而且没有之一。妈妈爱你！”

我看到小乐眼睛里绽放出奇异的光彩。在以后的无数次考试前，我总是在他面对压力的时候，真诚地告诉他这句肺腑之言。就是这样的话语，给了小乐巨大的自信和直面各种困难的动力与勇气。他不必担心考试结果糟糕会被妈妈责骂，任凭成绩再不理想，他都可以从容面对把他视为最优秀孩子的妈妈。他可以敞开心扉地和妈妈一起探讨改进学习的方法，把目标聚焦在克服困难的过程上。也因此，他可以不断地超越昨天的自己，不断地取得进步，并收获良好的学习效果。

我渐渐悟出一个非常重要的道理，对于孩子而言，他们从小最在乎的是父母的认可与评价。孩子能否成长为一个“自信”的个体，有赖于早期父母给予的“他信”。只有父母的评价体系是健康的、丰富的、多维的，才能帮助孩子更全面、更完整地认识自己，并且能帮助他们在学校、社会生活中逐步建立自己的内在评价体系。而这个自我评价体系维度越多、越积极，越容易成为他学习和生活的强大心理资本。

一个孩子，能从多方面认可自己的能力，肯定自己的优秀甚至是卓越，他的成长才是健康的、自信的，也才能有很强的抗挫折能力。一个连自己都不认可的孩子，人生怎么可能是快乐的呢？因此，不论外在的评价如何，身为父母，要做的就是愿意发现并不断发现他们身上不同的闪光点，并给予积极的肯定与赞赏，建立属于孩子自己的、独一无二的内在价值体系。

尽管小乐在“小升初”中取得了非常好的结果，但在我看来，他不是外界评价标准下的所谓“牛娃”，而是我心目中那个无可替代、最优秀的“牛娃”。

古希腊数学家阿基米德曾说：“给我一个支点，我就能撬动地球。”而我想说：“每个父母只要愿意并去实践，都可以给孩子很多支点，让他成为你心目中的‘牛娃’。而这些‘牛娃’都可以拥有改变世界、撬动地球的力量。”

目标管理：激发孩子上进心的良方

很多妈妈曾经咨询过我一个问题："为什么我的孩子那么不求上进呢？他对自己的要求总是很低！每次考完试，他对我说得最多的一句话就是——'我这样已经很好了！'"

听到这样的问题，你会怎么想呢？

我的第一反应总是："不会呀，小朋友们其实都很上进的！这是因为从人格发展和社会属性的角度上讲，他们都有追求卓越感、成就感的内在需求。"那孩子为什么要制造"自甘落后"的假象呢？原因其实在父母身上。

因为家长对他们的期望太高了，高到孩子无法达到，只能通过这样的方式来自我防御。他们还有一个更重要的目的，就是告诉家长——"请不要用你的标准来要求我，好吗？"可惜，大部分家长只会从自己的角度出发，哪里能读懂孩子那颗既想上进又怕被父母打击的"玻璃心"呢？有预期是好事，可一旦目标过高，好事就变成了坏事。

那么，面对经常性的考试，应该如何通过恰当的目标管理，激发孩子的上进心，帮助孩子进入积极进取的正轨呢？我们可以遵循以下六个步骤。

家长应遵循“三不”原则

这个“三不”原则是不埋怨、不责备、不在孩子的“伤口”上撒盐。

孩子非常关注在集体中的“社会地位”，有谁不想成为好学生呢？所以，如果考试结果不理想，孩子内心必定是很难过的。作为父母，千万别再雪上加霜了。

难过的时候不是最需要别人的安慰吗？如果家长只知道抱怨和指责，不仅会挫伤孩子的上进心和自信，还会让孩子抵触和父母讨论学习，关闭后续亲子良性互动的大门。

和孩子一起分析学习中遇到的问题和原因

很多孩子都想提高成绩，但他们的困惑在于不知道造成困难的原因，更不知道解决的方法。每个孩子的情况不同，原因也是多种多样的，有可能是缺乏学习兴趣，知识掌握得不准确，考试经验不足，不懂得如何检查，也可能是课后的投入时间不够，或者学习习惯和方法有问题，以及考试前的压力太大，甚至还有父母关系不和的原因。

这里值得说明的是，任何一个问题都往往是由多方面的原因造成的，需要家长和孩子一起耐心地分析其中的深层次原因。做好这一点并不容易，但只有找到了真正的原因，才能对症下药。

帮助孩子一起找到可行的解决办法

找到了原因，就要帮助孩子找到可行的解决问题的路径。比如，如果知识点掌握得不准确，可以让孩子针对性地多做相同类型的习题；遇到类似的题目，让孩子给家长讲解一下，讲解就是孩子在消化、理解、思考的过程。可以在家里准备一块小黑板，用于交流和讨论，更可以激发孩子对学习的兴趣。

如果是学习习惯和方法有问题，就要注重孩子的课前预习、课后复习的习惯养成，鼓励孩子建立错题本等应对措施。

和孩子一起确立合理的小目标

只有与孩子自身实际情况结合起来的目标才是“合理的”，只有经过努力可以实现的目标才是“合理的”。

刚开始的目标稍微低一点儿也没关系，比如，可以确立下一次考试分数提升5分，或者每次提升1～2名的小目标。也可以稍微高一点儿，确立可以通过“踮脚尖”或者“跳一下”来实现的目标。

对孩子而言，更重要的是在努力实现目标的过程中，树立和巩固自己战胜困难的信心和勇气。这一点上，考试是一种积极的历练。确立目标是个协商的过程，最终有主导权的是孩子自己，而不是父母。“高压”的目标不仅对孩子没有激励作用，反而会让他丧失奋斗的动力，他不会为此负责并真正付诸行动。

在孩子向目标努力的过程中，做孩子的“盟友”

在孩子确立目标的同时，家长要问问孩子，需要协助他做什么。通过这样的方式，一方面，可以把孩子面对的问题成功转化为父母与孩子要共同面对的问题，帮助孩子分担压力；另一方面，可以在支持与帮助孩子的过程中，形成一种良性的激励和互动，并随时改进努力的方案，更能培养深厚的亲子间的“战友”关系。

在孩子奋斗的过程中，家长对孩子的态度、努力做出及时的肯定、欣赏和鼓励，这些正向积极的反馈，会为孩子不断添加持续努力的燃料。孩子不孤军奋战，才能越战越勇。

后续目标管理不能缺少的“四颗心”

目标可能会实现，也可能无法实现，都是正常的。不论能否实现，只要家长抱着应有的原则和正确的态度，对孩子的成长就有积极作用。而且不论是否实现，父母都可以为孩子准备一份小礼物，可以是个小玩意儿或者孩子爱吃的东西。

我们可以明确地告诉孩子，我们肯定他努力的过程，并鼓励他继续奋斗，对他充满信心。在任何事情上，有决心、有信心、有耐心、有方法，良好的效果一定会逐步显现。

在当前的教育体制之下，学生都非常辛苦。家长其实也完全理解这一点，但总是忍不住用很高的目标要求自己的孩子，久而久之，就容易让孩子在一千遍的“口是心非”中丧失信心，更严重的会在心里筑起“父母并不理解我”的那道高墙。隔阂一旦产生，将很难消除，家长与孩子会渐行渐远。

所以，最好的方式就是我们父母对任何结果都能坦然接受，然后和孩子站在一起分析原因，找到解决办法，再给予他努力过程中全力以赴的支持。

这样，孩子就会深切感受到，父母关注他的感受和成长胜于考试成绩，父母是他可以完全信赖的坚强后盾。这样，考试也不再如凶神恶煞般让他厌烦，甚至恐惧。

考试只是学生时代的一块“试金石”，可以检验孩子自我学习的能力、克服困难的能力、抗挫折的能力，以及管理目标的能力。而这些，都是孩子未来踏入社会应该具备的能力。

避免无效学习，有效学习才是王道

2018年夏季，同炎热的天气一样，在俄罗斯举办的第21届世界杯足球赛进行得如火如荼，牵动着全世界球迷的心。这届世界杯的战果空前，出乎意料，德国、阿根廷、西班牙、葡萄牙这些赛前被普遍看好的夺冠强队前赴后继地倒在了决赛之前的沙滩上，悻悻地卷着铺盖提前出局，一时令众多球迷纷纷哀号。

接下来，我们一起简单回顾一下其中特别有代表性而又让球迷大跌眼镜的两场比赛——梅西和伊涅斯塔虽然黯然神伤地走了，但留给我们家长一个意味深长、不应该被遗忘的启示——如何让孩子们真正学会有效地学习。

两场“一边倒”的比赛和无效学习

阿根廷vs法国

阿根廷队是上届世界杯的亚军，本届夺冠大热门之一。从整场来看，阿根廷队的控球率绝对具有压倒性的优势。事后的技术统计也可以看出这一点，阿根廷队控球率61%，法国队仅有39%。尽管如此，拥有梅西的阿根廷队却是最后伤心欲绝的那一方。尤其在下半场，显然是踢法更流畅、速度更快的法国队占据了明显优势，短时间内的多次进球已经把老态毕现的阿根廷队打得完全没有还手之力。

西班牙vs俄罗斯

在阿根廷队离开俄罗斯之后，又一个夺冠大热门西班牙队对阵东道主俄罗斯队。西班牙队的小组赛表现差强人意，而俄罗斯队从来没有进入过世界杯八强。

只是可惜，外界的普遍看好却不能成就西班牙队，如同再美丽的光环也无法代替真正的实力。赛后的技术统计显示，西班牙队创造了世界杯史上有统计数据以来的传球纪录——全场传球1137次，控球率更是高达74%，比阿根廷队还高出13%，而俄罗斯队却以可怜的26%控球率获得了胜利。

在场面上控球占有绝对优势的两支强队，为什么最后都以失败告终呢？在和儿子小乐一起观看阿根廷队与法国队的比赛过程中，他也发现了这个问题。

小乐问我："妈妈，这样的控球有什么价值吗？"

"你问了一个好问题！"我回答，"没有什么实质的意义，只是看上去占有优势，但实际上效率很低，结果很差。他们的战术方法显然是错误的。"

我想了想，反问他："你不觉得吗？这很像很多孩子的学习状态，看上去学习的时间很长，却是无效学习。"

小乐赞同地"嗯"了一声。

准确识别"无效学习"

我曾经接触过不少这样的小学生和中学生，他们每天放学后的时间被各种补习班占满，但学习成绩并不理想。还有一些家长跟我反映：“我的孩子每天在家学习很努力，学习时间也很长，但为什么感觉学习没有效果呢？”

这两个问题，完全可以归为一类：孩子看上去投入了大量的学习时间，但实际学习效率很低，他们只是看上去很努力而已！

这不是真正的学习。在“学习”这个无法回避的事实里，他们中很多人都是在“学给别人看”！这个“别人”，通常就是我们家长。也可以说，他们的学习不是为了自己，而是为了父母。

为什么这么讲呢？

看看课外班里普遍存在的状况：有多少坐在前面听课的孩子，就有多少坐在后面听课的家长。家长的角色绝对不是“陪学”那么简单，他们更像是盯着自己孩子行为的“监视者”，看到自己孩子分神，会及时出面予以提醒。最后的结果是，一方面，孩子的学习必然都是监视下的被动状态；另一方面，认真听课的父母自己成了这门学科的高手。

还有很多在课外班学习的孩子，父母不在后面陪学，但他们听课的状态是：老师在上面讲，他们在下面做平时家长不允许，却是他们内心渴望的事情——看手机、玩游戏。等到下课了，接他们的家长问：“今天上课怎么样？”孩子们高兴地回答：“挺好的！”于是，皆大欢喜，结伴离去。

那么，在家里的情况呢？孩子们趁喝口水的工夫休息一会儿，或者看一会儿手机，父母就会说：“你还不去学习呀？”原来，想成为监工的父母在哪里都有用武之地。

在这样的氛围中，孩子们不是在为自己学习，而是在为他们的父母被动地学习。这是造成无效学习的最主要原因。

让孩子有效学习的方法

可以从如下四个要点入手，让孩子能够主动、真正地有效学习。

第一，让孩子学会为自己的行为负责，包括学习。

家长以身作则，为孩子树立一个自我负责的示范与榜样。大多数父母习惯把关注点放到孩子身上，这其实是“自我缺失”的一种表现。如果我们都能有一份自己要去追求的事业，要去学习的爱好或者技能，就会潜移默化地影响孩子同样寻求自我，并为自己负责。

全身心放在孩子身上的父母，不仅会让孩子倍感压力，而且容易过多干涉孩子的事情，会削弱他们自我选择、自我负责的自主能力。所以，作为父母，不如为自己的人生设定一个小目标，和孩子一起为了各自的人生去努力，在共同鼓励中前行。这种方式远比每天盯着孩子，用唠叨、训斥、批评的语言更有效果。要知道，负面的情绪表达会让孩子感到厌烦，作用也会适得其反。“与其说无用的话，不如做有用的事。”

第二，正确理解“学习”，创造丰富多彩的学习环境。

美国著名教育心理学家霍华德·加德纳在1983年提出的多元智能理论，为我们很好地诠释了“学习”的真正范畴与含义。只要有助于孩子健康成长和生活的一切知识与技能都是学习，而绝对不仅仅是学校里的那几门课。

一个孩子要在社会上立足，取得成功，绝对不只是依靠学习成绩，还要依靠包括行为习惯、抗挫折能力、坚持、毅力与韧性、人际关系等在内的非智力能力。

一位名校的特级教师就曾经对我说过：“一个孩子未来能否走得更远、更好，不是取决于他的智力因素，而是取决于优秀的学习习惯、勤于思考、坚持不懈这些非智力因素。”而这些能力都不是先天因素决定的，而是在后天习得的。所以说，“生活本身就是学习”。

第三，保护并激发孩子对学习的兴趣。

伟大的古希腊哲学家亚里士多德，曾在2000多年前就一语中的：“求知是人的天性。”每个孩子生来都是热爱学习的，每个大脑天生就是一部高效学习机器。我们父母要做的就是从小保护好他们的好奇心，这是求知欲的根本。

多去和孩子一起问“为什么”，多去引导孩子积极思考，和孩子积极探讨他们的疑惑。爱因斯坦就曾经说过：“提出一个问题比解决一个问题更重要。”不要把自己的孩子与其他孩子进行比较，因为这样的比较不仅粗暴，而且还会造成伤害。多去发现他们的闪光点，并积极赞赏和肯定，就能保护并进一步激发孩子对学习的兴趣。更重要的是，能让他们在寻求各种问题答案的过程中，收获难能可贵的自信。

第四，相比关注学习结果，更要关注习惯、方法和过程。

我国著名教育家叶圣陶先生就说过：“什么是教育？简单地说就是养成习惯。”任何一个学生，都有一颗积极上进的心。很多时候，他们想做好，但苦于找不到方法。我曾经看过太多的孩子苦苦挣扎在被家长的焦虑和期待、被自己的自卑所编织的围城里，痛苦不堪。而要解决这个问题，作为父母就更应该为孩子提供方法上的支持和心理上的帮助。这样，他们才会冲出困局，在前行的路上越战越勇。

每个孩子都是一个知识工作者。他们年纪虽小，但承担的任务却非常重。这一点，他们与足球巨星梅西、C罗无异。

而且并无不同的是，要赢得一场比赛，不能全靠他们自己，必须依靠团队的力量——不仅需要队友的支持和合作，更需要教练制订正确的战术和方法。而我们父母，也是孩子的教练。

绝对不要让孩子疲于控球，这样会严重消耗体能，而且没有效果。要让他们学会如何一接触到球，就能制造一次有威胁的射门，这才是赢得比赛的关键。而且，这才是一名优秀的教练应该做的事情。

远离“鸦片”式课外班

“全国的教育看北京，北京的教育看海淀，海淀的教育看黄庄。”这种流传甚广的说法，把“疯狂的黄庄”曝光在媒体的闪光灯之下。而又有多少人知道，“疯狂的黄庄”背后的代价却是沉重的?

大约一年多以前，在北京海淀区的“小升初”中，两位孩子取得了不错的成绩，他们的妈妈曾有如下无比骄傲自豪的对话：

“我们孩子小学阶段上了14个课外班！”

“我们孩子小学阶段上课外班花了几十万！”

她们都来自海淀黄庄地区。

然而，在旁边的我却听得心惊胆战，不由暗自倒吸了一口凉气：“这是学习，还是摧残？！”现在将近两年过去了，她们的孩子都怎么样了呢?

现在，她们孩子共同的状态是：

- 上的课外班不见减少，反而更多，每个主科上一个课外班是标配；
- 课外班太多，结果孩子每天晚上都学到第二天凌晨，白天上课睡觉，既影响休息又影响课内学习，疲惫不堪；
- 学习成绩没有因为课外班而提高，反而出现了下滑；
- 孩子对成绩落后的现状也习惯了，有点儿“没皮没脸”。

妈妈们傻眼了，面对即将到来的中考，要怎么办？回想小学，也是上课外班，也是提前学，明明成绩不错，怎么到了中学就不灵了呢？而这绝对不是一两个家长的困惑。

我们深入分析，主要原因有三。

大量的课外班伤害了孩子的自主学习能力

到了初中，知识难度和学习强度都比小学加大了。而初一的阶段，应该在小学良好学习习惯和方法的基础上，尽快适应，然后建立适合初中的学习习惯和方法。

可是，在小学阶段上了大量课外班的孩子，表面上分数提高了，但实际他们都已经受了不同程度的“内伤”。包括：

内伤1　基础知识漏洞太多

培训机构的课外班，绝大部分是以快速提分为目的。老师传授的是“短平快”的方法和技巧，孩子分数是上去了，但基础知识并没有真正掌握好，给孩子和家长造成错觉。这样产生的知识漏洞越多，给初中学习造成的负面影响就越大。

内伤2　正确的学习态度遭到破坏

以为在课外学习中已经“掌握了知识”的孩子，在课内的学习过程中很容易扬扬自得，心浮气躁，不屑思考，非常不利于长远学习。

内伤3　无法建立适合自己的学习方法（习惯）和体系

课外班的学习都是以大量的灌输为主，属于被动式学习。很多孩子根本没有机会自发地建立起独立思考、质询探究、消化吸收的个人化的学习方法和知识搭建系统。

内伤4　学习兴趣和动力被破坏

因为大量课外班的“高强度供应”，孩子已经对学习丧失了兴趣，学习动力不足，甚至开始厌学。

以上这些不易被父母察觉的“内伤”组合在一起，就产生了对孩子自主学习能力系统的巨大破坏力。而知识内容并不复杂的小学学习，正是孩子们探索、试错、建立和完善个性化学习系统的大好时机，却因为家长们的疯狂，被遗憾地错过了。

课外班就像戒不掉的“鸦片”、扔不掉的拐杖

初中的课程还会增加物理、化学等理科学科。而小学和初中所积累的数学学习方法，将为学习物理和化学提供很强的借鉴意义。

如果孩子小学阶段没有建立起自己的数学学习体系，到了初中，面对理科的学习将难以延展和迁移。结果就是，迫于短期分数的压力，只能被动选择上更多的课外班。

对于语文、英语这些语言类的文科学习，将完全依赖于学龄前和小学阶段的长期积累（主要是阅读，可以参见下节内容）。而如果之前没有充足的积累，也只能求助于课外班了。

渐渐地，很多孩子进入了一个恶性循环的两难境地：如果扔掉课外班，自主的学习能力没建立起来，学习成绩可能更差；如果不扔掉课外班，孩子处于非常疲劳的状态。因此，越来越多自主学习能力欠缺的孩子，伴随着学科的增加，上的课外班的数量必然会越来越多，整体学习状态却是越学越累，越累还越不能放弃，学习效果也越来越差。而最后，课外班已经成为家长与孩子的心理安慰剂，再也离不开了。

课外班解决不了现阶段的问题，还为高中学习埋下巨大隐患

任何一个孩子学习能力的形成和提升，从具象思维到抽象思维，从逻辑思维到批判性思维，是需要与他们个人成长发展的规律相适应的。而大幅度的超前学习（不是自主预习），无疑违背了这样的科学规律。当一个孩子在学习他自身认知水平无法消化的知识时，不仅需要投入更多的时间和精力，而知识点的难以理解，也会挫伤他对学习的兴趣和自信心，越小的孩子，受到的伤害越深。

而且，旧的“内伤”依然会不断加重，在三年初中和中考的压力之下，孩子更没有机会锻炼自己的学习能力。而自主学习能力，却是高中阶段发挥决定性作用的因素。

纵观全局，小学、初中、高中的学习，和电子游戏的闯关类似，是一个从易到难、不断进阶的过程。而小学六年的设置，实际上给孩子们提供了充分探索、试错、建立和完善自主学习能力的时间与机会。并且，这样是符合孩子心智发展的科学规律的。

小学是学校教育的开端，也是培养终身学习能力最重要的基础阶段。只有地基打得牢固，房子才能盖得又高又稳。学习是一场马拉松，任何急功近利的想法和行为只会得不偿失。

如果家长们能少些焦虑和盲从，多些理智、耐心和高瞻远瞩，给孩子留出喘息、自我成长的时间和空间，一定会把他们自主学习这块“肌肉”锻炼得强壮有力。设想一下，他们刚开始学走路的时候，如果一直依赖于学步车，怎么可能学会奔跑呢？！

养成“精读”的好习惯

“我的孩子读了很多书，为什么写作文依然很费劲？”

“我的孩子读完一本书，为什么一问三不知？”

每次考完试，在家长会上，我总能看到平时就深受这两个问题困扰的家长们，抓住语文老师问个不停。

事实上，学好语文的关键就在于“阅读”！可是，“阅读”影响的却绝不仅仅是语文这一门学科。正如北京某著名学校一位副校长所说的：“阅读不好，不仅影响语文的学习，连数理化都要受连累。因为，按照高考的要求，各学科都会有大量的阅读题。阅读能力差，连数理化的题都读不懂。”

事实也是如此。比如，我见到了很多初中数学学习能力较强，但数学却无法取得好成绩的孩子。因为，他们较弱的阅读理解能力已经造成读题读不懂了。

那么，怎样才能做好阅读呢？听听小学、初中、高中的语文老师们所认同的方案是什么吧。

快速识别泛读和精读

阅读方式分泛读和精读两种；要想对语文学习真正有帮助，一定要抓好精读。那要如何识别孩子是在泛读还是精读呢？

泛读，顾名思义，就是广泛地、泛泛地阅读，指一般性的浏览。结合到孩子身上，就表现为阅读速度快，很厚的一本书一两个小时就读完了，可对内容的掌握上，却只有框架性的东西。孩子更多关注故事情节，对用词、文学素养的积累、阅读能力的提高基本没有帮助。

相对而言，精读，就是指认真、仔细、反复地阅读，孩子会关注书中的细节描写。如果一个孩子阅读速度不快，对内容的掌握上，能体会到很多细节的描述，理解也会比较深入，那就可以判定是在精读。

至于泛读和精读的效果，一位有名的语文老师说得很形象："好的书籍如同美味佳肴，如果只是了解其色香味多么美，营养价值多么高，而不去咀嚼、品味、消化、吸收，那么即使天天满汉全席，也不会获得任何营养。"

这也就是为什么很多孩子看似读了不少书，但对阅读能力的提高没有帮助，对于输出的方式之一——写作文，仍然是急得"抓耳挠腮"了。

做到精读的三个方法

除了按照老师的要求，还有三个方法，我们可以用来在家里引导孩子建立精读的好习惯。

第一，家长与孩子共读一本书，创造快乐的分享式阅读体验。

在精读的习惯养成之前，需要我们家长的示范、参与和引导。最好的方法，就是和孩子共读一本书（或一篇文章）。篇幅可长可短，最重要的是让孩子自己选择读物。

具体做法：

1.在读的过程中，做一些批注的工作，或者做读书笔记，通过积极示范，让孩子看到精读的具体做法，更重要的是给孩子树立认真阅读的榜样；

2.读完一个章节后，我们可以和孩子共同讨论一下印象最深刻、有趣的情节，或者大声朗读比较生动的描写，对我们思想和内心有触动的地方，以及说说为什么会让我们“心动不已”；

3.对一些精妙的用词，可以装作不理解。我们的伪装和示弱，会给孩子提供一个做老师的机会。或者也可以和孩子一起查字典，我们将收获的不仅仅是一个词义那么简单，还有孩子对阅读的浓厚兴趣，学会使用工具，未来他会乐此不疲地找出很多词来考我们。

这个“伪装”的方法特别适合小学一到三年级的孩子，而这个阶段也是容易养成精读习惯的阶段。对于小学高年级或者初中的孩子，我们就不需要这种小儿科的“伪装”了。我们完全可以就自己不理解的部分和孩子探讨，在真诚、平等的交流过程中，让我们彼此为师为友。

这样下来，精读的种子会“随风潜入夜”，于“润物细无声”中生根发芽。

目的：

1.用热情、真诚和技巧，创造充满积极、快乐情绪的阅读体验，让孩子体会并爱上精读的方式；

2.让孩子在阅读中关注语句的表达，细节的描写和刻画；

3.避免孩子进行单独的“哑巴阅读”，因为这样的阅读无趣、枯燥，只能通过关注情节来获得快乐；

4.在交流中，促进孩子对于文章内涵的思考，并提供输出渠道。

提醒：

1.对于篇幅较长的书，不宜等书都读完了再交流，因为内容太多，不便于记忆。可以读完一两个章节，就进行讨论；

2.等孩子的精读习惯建立起来，我们就可以不用共读了。

但如果我们依然坚持读自己的书，然后和孩子多分享，那将是强化孩子良好阅读习惯的重要方式，尤其是对高年级的孩子而言。

第二，通过提出好的问题，引导孩子关注内容和细节，一边积累输入，一边慢慢输出。

阅读过程中，提出好的问题非常关键。问题太简单了，孩子不屑一顾；问题太难了，孩子又很有挫败感。并且，既不能太笼统，也不能太复杂。

问题清单：

1.这本书里都有哪几个主要角色？

2.在他们身上发生了什么事情？

3.什么时候发生的？在哪里发生的？

4.为什么会发生这些事情？主人公是怎么处理的？

5.最后主人公的结局是什么？你喜欢这样的结局吗？

6.在所有人物中，你最喜欢谁？为什么呢？

7.你觉得哪个情节最有意思，或者印象最深刻？说说原因。

8.你喜欢这个故事吗？我猜你（不）喜欢，因为……

目的：

1.通过有的放矢地提问，让孩子关注到故事中的时间、地点、人物和事件这些基本要素和重要情节；

2.通过提一些主观题，让孩子表达自己的感受和情绪；

3.通过回答“为什么”，让孩子找到支撑自己观点的依据和证据，建立一定的逻辑思维。

提醒：

1.小学低年级和高年级的孩子，都可以参考这份清单，但对于大孩子，提问题的态度要有所不同，应该更诚恳、平等一些，多提开放性的问题会更适合他们；

2.孩子年龄越小，问题越不要太复杂和太有难度，也不宜过多。因为这个阶段激发兴趣最重要，复杂的问题会让孩子有挫败感。同时，也别忘了鼓励孩子多问问题；

3.提问题看上去是单方面的，但在孩子反馈的过程中，我们需要积极发表自己的看法，很多问题没有标准答案，所以，就没有正确与否的评判，鼓励孩子勇于表达自己的想法应该放在首位；

4.亲子共读，会让我们与孩子探究问题的过程更加深入和饱满。这就是精读中吸收“养分”的过程。

话说回来，我们千万不要被清单束缚。只要我们抱着一颗好奇而又充满热情的心，在读的过程中很多好的问题会自然产生。关键是别抱着敷衍的态度，因为孩子可以一眼看穿我们是真喜欢参与他的阅读，还是装装样子、走走过场。

第三，多载体、多维度的阅读让精读更加生动。

一位熟悉美国阅读教学体系的老师说：“读书不是阅读唯一的方式。”同一个故事可以通过动画片、电影、书籍，甚至绘画、雕塑、音乐、建筑等不同的艺术形式表现出来。我们可以与孩子通过多载体、多维度的阅读达到精读的效果。

正如《肖申克的救赎》有小说、电影；《巴黎圣母院》有小说、电影，还有巴黎圣母院的建筑；《渴望生活》有小说、电影、动画片，还有凡·高的许多绘画作品。在不同的载体之间，文字和表演，文字和绘画的交互会让孩子有更丰富的阅读体验，更能对其中耐人寻味的部分反复咀嚼、消化和理解，理解更深刻，乐趣也更多。

这一点，尤其适合小学高年级或者初中阶段的孩子，因为孩子的认知水平越高，阅读的载体也会越多。我们要做的是帮孩子架起多载体阅读的桥梁，打开观察世界的视野。

在人类众多的智能当中，“语言”是迁移面最广的智能之一。所以，阅读的益处除了学好语文，远超我们的想象：

- 提高认知水平，并建设丰富的精神世界；
- 可以了解人性，了解真实的社会，又可以产生积极的视角（前提是家长给予正确的引导）；
- 建立批判性思维、独立思考的有效方式；
- 培养终身学习能力的最佳方式之一；
- 还可以有效降低孩子对手机游戏的依赖。

而不阅读的坏处，也不容小觑：

- 从功利的角度看，会直接影响语文的学习，表现为阅读能力差，写作文费劲；
- 影响数学、物理等其他理科的学习，到了中学阶段表现会越来越明显，因为需要阅读的文字太多，读懂都有困难；
- 很可能会影响孩子的社交能力，因为认知水平不高的孩子，往往会被同伴评价为“幼稚”。

在孩子的成长历程中，最佳的精读习惯养成是在6岁以前的阶段。如果错过学龄前的关键期，我们也不要慌乱，还有小学一到三年级这个阶段可以把握。即使到了小学高年级或者初中阶段（需要先做好亲子沟通），仍然有改善的契机。

孩子未来的路还很长，他们能否走得坚定和从容，需要强大的精神世界做支撑。所以，作为妈妈或者爸爸的我们，千万别忘了，赋予孩子一份独特、旺盛的精神生命力，抵抗来自现实生活的电闪雷鸣。

本站回顾

学习是学生时代的主要任务，而小学阶段是培养孩子自主学习能力的关键时期。读完本站的相关知识，试试总结归纳一下下列问题的答案吧。

◎ 每个孩子都可以成为“牛娃”，具体要怎么做呢？

◎ 只需六步就可以激发孩子的上进心，你还记得是哪六步吗？

◎ 怎样避免无效学习，让孩子学会有效学习？

◎ 大量的课外班，到底会对孩子自主学习能力造成哪些“内伤”和隐患？

◎ 开卷有益，如何帮助孩子养成精读的好习惯，全面提升孩子的学习能力？

本站导读

说起“学习”两个字，相信很多父母都会想到学校作业和考试成绩。其实，这些和学科有关的学习，是一种狭义的理解。作业和考试成绩只是其中的一个系统，而不是全部。就像人类生存与发展所面对的是多维度、复杂、立体的生态系统一样，孩子成长所需要构建的也是一种学习生态——这是适应社会生存和发展需要的复杂系统。

其中，非常重要的自信与抗挫折能力的培养，更多是通过兴趣爱好来实现的。只是不知不觉中，兴趣爱好已经被家长们“寄予厚望”。比如，有的期望孩子的特长可以成为升入名校的敲门砖，将目标功利化；有的期望通过培养兴趣爱好来锻炼孩子坚持不懈的能力，因此，一旦选择了开始，家长就要求甚至是强迫孩子必须坚持下去；有的呢，期望孩子拥有多种兴趣爱好，便如走马灯一般让孩子不断尝试各种新技能。这些想法看似没有不妥，但做法真的正确吗？

在这一站，我们将通过几个例子来看看家长应该如何培养孩子的兴趣爱好，如何帮助孩子发现擅长的领域，如何运用智慧帮孩子走过瓶颈期。还有非常重要的一点，即了解兴趣爱好比学习成绩还重要的秘密。

好了，让我们马上出发，一起看看如何通过培养兴趣爱好，为孩子构建一种充满乐趣、丰富多彩的学习生态，为孩子塑造一个健全的人格而添砖加瓦！

第5站

兴趣爱好，比学习成绩还重要

避免孩子养成不良兴趣爱好

我们都希望孩子拥有健康有益的兴趣爱好，远离不良的兴趣爱好。在开始具体谈如何培养健康的兴趣爱好之前，最好先了解一下如何避免孩子养成不良的兴趣爱好（关于电子游戏将单独在下一站阐述）。这一点至关重要，因为要从孩子来到父母身边说起。

一位妈妈找我做家庭教育咨询。她遇到了一个令她头疼不已的难题：她的儿子今年上小学五年级，有个特别让家长抓狂的地方，就是这个孩子最大的兴趣爱好竟然是“看电视”。为什么这么说呢？用这位妈妈的话来形容，“这个孩子每天脑子里就想着看电视，连学习的时候都是”。

经过仔细交流后得知，这个11岁的少年有如下两种表现：

- 孩子回到家里做作业的时候，妈妈必须得在旁边像监工一样看着。如果妈妈不在家，留下孩子一个人，那么，他必定会偷偷看电视。妈妈是怎么知道的呢？妈妈说，回到家以后，她摸一下电视的后面还是热的，就知道孩子在她回来之前，刚刚把电视关掉。
- 这个孩子在看电视时，对所有的电视节目都感兴趣，新闻、广告、电视剧、电影，还有各种综艺节目，孩子无一例外，都非常喜欢。所以，任何时候打开电视，他都能快速沉浸其中，无法自拔。

这位妈妈对此非常苦恼，问我："明老师，我到底该怎么办？您不知道，为了这个电视，我和他斗智斗勇，使尽了各种招数，但他都能见招拆招。"

我没有急于给出答案，因为只有找到问题的原因，才能提供解决方案。

我先问了她一个问题："在这个家里有谁喜欢看电视？"妈妈回答是孩子爸爸。从孩子三四岁的时候开始，只要爸爸在家，电视就是开着的，而且爸爸就是对所有的电视节目都感兴趣。我回答这位妈妈说："那难怪孩子这么喜欢看电视了。"

再说具体一些，因为孩子天生就有强烈的好奇心。他对周围所有的事情，都充满了探索的兴趣。即使是在婴幼儿期，他也有自己的学习方式，那就是从观察和模仿开始。所以，婴幼儿虽然年龄小，认知水平有限，但父母千万别小看他，其实孩子的观察学习能力是非常敏锐的。

这个11岁的孩子，他本身就对电视感兴趣，而爸爸的行为激发并强化了他的这种兴趣。他幼小的心里会特别纳闷："爸爸为什么每天都会坐在电视前面呢？一定是因为那个东西太有意思了。"所以，当有一天接触到电视的时候，他就会不顾一切地喜欢上电视。在我看来，这个孩子对于电视是一种发自内心的热爱，他对所有的电视节目都喜欢，这一点也和爸爸是一样的。

我们现实生活中，很多家长都会对孩子说："你该学习就学习去。"然后，自己去看电视，或者玩手机、玩游戏。这种"榜样"的结果对孩子的影响可想而知。再分析得具体些，对于小一些的孩子，大人的这些行为会激起他对电视、手机和游戏的巨大兴趣；对于大一些的孩子，他们则会认为："为什么你们大人可以看电视，我却在学习呢？"并会因此觉得非常不公平。

那么，这位妈妈的苦恼到底要怎么解决呢？

我告诉这位妈妈，既然孩子已经上五年级了，足够大了，一家三口可以坐下来开个家庭会议。让爸爸向孩子郑重说明一下，自己在孩子学习时看电视的行为是不对的。孩子看电视的这种习惯，是由爸爸造成的，也就是说，先要由爸爸来承担这个责任。接下来，就是爸爸必须改掉这个坏习惯。爸爸可以和孩子约定，在孩子学习的时候，他也会读书或者通过其他的学习方式，来为孩子重新树立一个正确的学习榜样。只有这样，然后坚持下去，孩子的习惯才有可能慢慢改变。但因为孩子已经11岁了，对电视的热爱很难从根本上消除，所以，在改变原有习惯的过程中，需要明确相应的规则，然后，家长给予足够的耐心。

就相关话题，我遇到的部分家长，尤其是父亲们会对我说：“我们小时候，爸妈什么都不管我们。可现在，要让孩子喜欢读书、学习，还得要求我们父母也必须喜欢读书吗？”这说明父母的思维方式还停留在旧的教育观念里。

时代不同了，现在的孩子也不同了，教育观念需要不断更新。如果想让孩子有良好的行为和学习习惯，那么家长先要从自身做起。因为有那么一个小不点儿，他每天都盯着你，看你在做什么，他也会相应地去学习和模仿。

这个例子说明，很多孩子的兴趣爱好实际上是受到家长潜移默化影响的。我们只要留意身边就不难发现，很多父母喜欢什么，孩子也特别容易喜欢什么。这就是环境熏陶的力量，也是父母榜样的力量。我们完全可以试着想一下，如果把这位爸爸的爱好由看电视换成看书，他的孩子爱上读书的概率会有多大？

在孩子的成长过程中，父母榜样的示范效应，起着巨大的引领与带动作用，这一点是毋庸置疑的。

把握培养健康兴趣爱好的时机

从什么时候开始培养、发展孩子健康的兴趣爱好呢？如何很快发现孩子所擅长的领域呢？这是很多家长特别关心的问题。

培养健康兴趣爱好的时机

首先，什么时候应该去兴趣班尝试、培养和发展兴趣爱好呢？答案是：不宜过早。

结合儿童社会认知发展的特点，我们知道，一个孩子4岁以后才能清楚了解他人的想法和观念。所以去兴趣班最好不要早于4岁，甚至可以更晚一些。

这是有科学依据的，因为根据人类进化的特点，经过科学研究已经发现，童年期脑发育的顺序和人类进化的特点是相吻合的。人类进化的过程当中，99%的时间都是在满足一个人的视觉空间能力和运动能力的发展。

童年期最主要的发展任务，是优先构建视觉空间能力和发展运动能力，尤其是幼儿阶段，最主要的生活内容，除了吃饱穿暖，还应该进行相应的游戏、运动，建立并发展孩子与父母之间的依恋关系。绝对不赞成抱着功利的目的，过早地开发孩子的知识和技能方面的学习能力。

现在，很多家长在孩子两三岁时就开始为其报各种兴趣班，是受到“不能让孩子输在起跑线上”的误导，还有对其他家长非理性行为的盲从。过早开发孩子的技能，也是一种灌输式、被动的学习，而且当知识本身超过孩子的理解能力和认知水平时，孩子的感受是这种学习非常难，会让孩子产生畏难和自卑心理。从长远看，这样的做法会破坏孩子对新事物的好奇心，挫伤其对新领域的学习兴趣。

事实证明，所有短视的行为都是得不偿失的。放到教育上，更是如此。

关于如何很快发现孩子所擅长的领域以及他们真正喜欢什么，通过以下三个方法，会让看似复杂的问题变得简单。

最易察觉的敏感期

一个爸爸告诉我，他3岁左右的儿子，现在非常乐于玩各种遥控器和开关。他的态度是孩子偶尔玩玩还行，要是总玩，他就表示强烈反对。一方面，像空调这样的电器，价格比较高，他担心孩子玩坏了；另一方面，他出于对孩子安全的考虑，于是出面制止孩子，甚至还打过孩子好几次。得知他的处理方式后，我对他说：“你不能这样对待宝宝。”

其实，每个人行为的背后都有动机，对于孩子来说也是如此。即使是语言表达还非常有限的婴幼儿，这一点对他们依然适用。

这个喜欢玩遥控器和开关的3岁小朋友，他的动机完全是出于好奇心，也就是求知欲——他想了解遥控器和电器、开关和电器本身的反应，它们之间的联动方式，他感到特别神奇。他并不想破坏空调的正常使用。他内在单纯的动机，决定他会表现出这样外显的行为，就是他不断通过重复性的“开”和“关”来满足他的探索欲望。

基于此，我给这个爸爸提供了一个解决办法。我告诉他：“你可以引导孩子玩家里的台灯。”因为台灯的价格并不高，父母可以和孩子一起把它拆开，然后让孩子看一看这个开关是怎么控制台灯的；我们也可以买一些科技方面的“翻翻书”，从书里了解一些简单的关于机械原理方面的知识，从而深度满足孩子的好奇心和他的求知欲。

对于这个孩子所表现出来的重复性的行为，是绝大部分3岁左右的幼儿非常典型的一种探索世界和学习的方式。通过看似无数次的重复，孩子在满足了自己的好奇心和探索的愿望以后，会自动进入下一个重复的行为或者活动当中去。

我自己的孩子在幼儿阶段也是如此。他是从1岁左右的时候开始接触并喜欢上了积木，不到2岁的时候，开始对工程机械感兴趣，经常到工地附近观察挖土机、搅拌车的工作，一看就是半天。这些兴趣很快就发展成对于乐高的热爱，一直到现在，他已经15岁了，这个爱好兴趣也没有变。其间，我们没有逼迫他，但他坚持了14年。

这说明什么呢？如果父母细心观察，可以在孩子的探索敏感期顺势而为，因势利导。在发展兴趣爱好的时候，完全不用刻意去强求。只要在发现之后，在安全以及条件允许的情况下，尽可能创造机会，帮他将兴趣爱好发展到极致，那么就很容易成为孩子未来长期坚持和发展下去的兴趣爱好，甚至影响孩子未来的职业选择。

这就是发现兴趣爱好的第一种方法：充分与幼儿发育的敏感期结合起来。

结合天赋和资质

很多时候我们都能发现这样一个事实：如果是音乐世家，或者是书画世家，那么他们的下一代，更容易成为这个领域的佼佼者。虽然有的不是世家背景，也存在这样的状况——父母所擅长的领域，更容易成为孩子所擅长的领域。

这是因为，如果父母经常从事某项自己喜欢的运动或者展示自己的技能专长，孩子受到父母的影响，也容易喜欢上相同的领域，这是环境熏陶的影响，也是榜样的示范作用。这一点也与心理学中的社会学习理论相吻合。

如果没有世代相传的背景，或者是父母没有比较擅长的领域，那就需要家长通过细致观察，充分了解孩子的特点，然后发现孩子的兴趣点。对于尚处于学龄前的孩子，可以参考我们提及的第一个方法——与幼儿敏感期的发展结合起来。

对于那些已经到了学龄期的孩子，还没有找到自己的兴趣爱好，该怎么办？其实，对于这个阶段的孩子来说，找到兴趣爱好会更容易一些，因为他已经有了自己明确的表达意向。同时，他特别容易受到同伴的影响，比如说他的好朋友喜欢踢足球或者打篮球，他自然会受到影响，同时也有一种出于社交的需要，他对足球或者篮球感兴趣的可能性非常大。

那么，家长就完全可以问孩子："你要不要也和×××一样，去学习足球或者篮球？"或者直接问孩子："你自己喜欢哪方面，咱们就去尝试一下？"然后，让孩子自己去选择1～2项，给予重点培养发展。

这就是第二种方法：根据孩子的天赋和资质，在日常生活中去发现。

适当尝试，充分聚焦

这也是一个非常普遍的做法：在适当广泛的尝试中，逐步发现孩子感兴趣的领域。之所以“适当广泛”，是因为现在市场上提供的兴趣班“乱花渐欲迷人眼”，切忌尝试的种类太多，反而让孩子无从选择。有的孩子，尝试了各种各样的兴趣班，到最后反而失去了兴趣。

除此之外，这个问题的关键在于：要如何选择尝试的项目？答案可以是父母比较感兴趣的项目，也可以是大多数同性别的孩子感兴趣的项目。

如果从父母的角度来说，比如我认识很多父母，他们在小的时候没有条件学钢琴，或者发展自己的其他爱好，当为人父母之后，他们格外希望孩子能拥有这项技能，实现他们童年的“梦想”。我认为，这是一个很好的尝试方向。但是，最后能不能成为孩子的兴趣爱好，还是要让孩子自己选择！子女是独立的个体，兴趣爱好的选择绝对不要最后发展成——让孩子变成帮父母去实现自己愿望的工具。

如果站在孩子的角度，父母可以观察周围大部分小朋友都在学什么，也可以从孩子的天性出发。例如，绝大部分孩子都喜欢画画，因为他们都喜欢丰富的色彩，那么美术就可以成为一种尝试的方向；乐器类的兴趣班也非常普遍，可以作为备选去尝试。另外，很多女孩子喜欢舞蹈，比如芭蕾舞、现代舞、民族舞，这些都可以成为女孩子的首选。而对于男孩子来说，比较普遍的有武术、跆拳道、篮球、网球、乐高，这些都是男孩子特别喜欢的运动或者领域。当然，我们需要充分尊重孩子的想法，不必在选择项目上有性别偏见。在尝试之后，就需要充分聚焦，选择1～2项，长期坚持下去。

这就是第三种方法：适当广泛尝试，发现后充分聚焦。

我们经常说“身体是革命的本钱”，我们也经常说“身心健康最重要”。孩子的学习是一个生态系统，他们的兴趣爱好发展是否得当，影响着这个生态系统能否良好地运行下去，也就是说决定着身心能否健康。能为孩子找到他所热爱的事情并加以培养，对实现这个目标有着非常重要的作用。

做到充分聚焦、持之以恒的原则和方法

有一段时间，社会上广泛热议的一个话题是职场的“996工作制”——说具体些，即早上9点上班，晚上9点下班，每周工作6天的高强度工作状态。很多网友都表示，庆幸自己还没有在这样的公司工作过。而我曾经看到一个网传的段子，讲的是一个孩子对自己的父亲诉苦——作为学生，他不是“996”，而是“997”的学习方式。

虽是调侃的段子，但毋庸置疑，反映的却是事实：绝大部分孩子确实都很忙。连同各种兴趣爱好班和课外补习班，每个孩子一周要上的课外班基本都在5种以上，有的孩子甚至上10种课外班。所以，很多家长都很关心这个问题——孩子同时上几个兴趣班比较合适呢？答案当然是数量不要太多，否则最后的结果就是哪种都坚持不了！因为，如果孩子忙得没有效率和结果，那么哪个兴趣爱好都会发展不好。有如下两个原因：

- 兴趣班的学习，实质也是一种学习，并不是孩子心中认为的自由自在的“玩”。我们家长可以换位思考，试想一下，如果我们在下班以后不能回家，而是穿梭于各种兴趣班中，可能一开始还很新鲜，但时间久了，一定会觉得很疲惫。孩子也是一样的，兴趣班上多了孩子也会累。

● 孩子的精力是有限的，而且兴趣爱好是一个长期培养的过程，不是一朝一夕的事情，更不是一蹴而就的。“细水长流”，阐述的是相同的道理。何况在学业压力日益增加的情况下，我们不能给孩子报太多的兴趣班。

有的父母告诉我，孩子在学龄前就报了五六个兴趣班；上了小学，低年级的时候仍是五六个，甚至七八个。这些都是让孩子疲惫不堪、错误的做法。我也经常在电梯里碰到老人带着孩子去上各种兴趣班，老人连连感慨：“孩子累，我们也累。但没办法，父母让上呀！因为大家都上。”

老人的话真的是一语中的，道出了造成这种状况的一个重要原因，就是父母在帮孩子选择兴趣班时，不是以自己孩子为出发点，而完全是受环境的影响，是一种“盲从”，甚至是一种“心理安慰”。当看到孩子学无所长，父母还会抱怨说：“你看，我给孩子花了这么多的钱，到最后还是哪个都没学好！”还有的家长特别希望孩子在培养兴趣爱好的过程中，培养出坚持、有毅力的品格，可数量太多了，哪个都坚持不下去的时候，还会责怪孩子没有毅力。

要避免上述情况出现，就需要父母“以自己的孩子为本”，必须帮助孩子做减法，做聚焦。正确的解决办法是遵循“一二三原则”，即最好在同一时间段，只给孩子报1～2个兴趣班，最多不能超过3个，而且在这里面，至少有一个是可以长期坚持下去的。也就是说，父母要帮助孩子做取舍，这样才能达到发展兴趣爱好的目的。

该如何做取舍呢？针对孩子不同的年龄阶段，可以采用不同的方法。

对于小一点的，比如学龄前的孩子，父母可以充分鼓励孩子表达自己的想法，并结合孩子的状态，帮忙做决策。

因为，这个阶段的孩子年龄太小，成长模式还是以探索性学习为主。如果父母完全让孩子自己做选择，他还没有明确的选择原则，通常会觉得放弃哪个爱好都会可惜。这是非常正常的现象。

父母可以观察孩子上课和课后的状态，选两个他最高兴，也就是他最喜欢的课程。然后，父母可以告诉他，把这两个项目很好地坚持下去就可以了。孩子有了富余的时间，父母可以带孩子多运动，多做游戏，多阅读，多到大自然中去，让他在更自由的环境中最大限度地发挥探索学习的天性，让亲子生活更丰富，质量更高。

对于大一点的，比如学龄期的孩子，就要以孩子的意愿为主。

在培养孩子自我选择能力的同时，也就是培养了他自我负责的能力。父母可以告诉孩子："你要为你的选择负责，负责的最好方式，就是不到万不得已，没有特殊情况，一定要坚持！"

当然，在这个过程中，家长也不能放任不管，而是要关注孩子在其中遇到的困难和他的负面情绪，必要时帮他找到解决问题的办法和路径。对于一些运动类的项目，家长完全可以参与其中。

综上所述，父母一定要在尊重孩子意愿的前提下，把同时上的兴趣班数量控制在孩子能够坚持的范围内。更明确地讲，一个孩子同时上兴趣班的数量，最多不能超过3个，建议最好控制在2个以内，做充分的聚焦。这样，既便于孩子坚持，又利于精益求精，更重要的是孩子会为自己的选择负责。

当然，我还遇到过个别特殊的小朋友，精力旺盛，同时上七八个兴趣班也不累。如果这是孩子自己的选择，父母只要尊重孩子的意愿即可。毕竟，个体的差异是巨大的。

用智慧的办法，帮孩子突破瓶颈期

发展兴趣爱好的过程中还有一个非常重要的问题，就是如何帮助孩子突破瓶颈期。

有些朋友告诉我，当孩子不喜欢练琴的时候，他们会拿个小棍儿逼着孩子，即使孩子哭哭啼啼的，也必须坚持。我认为这是一种办法，但绝对不是一种智慧的办法。怎样做才更明智呢？我们可以通过如下的生活小案例，看看这位爸爸是如何让女儿突破瓶颈期的。

这位爸爸的女儿从小学开始练习琵琶，一直练到了高中。在高一时，这个孩子就觉得练琵琶是非常枯燥的事情了：每天重复，还没有什么更大的进步。她自然就不想练了。其实，这是一个很正常的过程。这就像一台机器，长时间地运转，也需要保养和休息；也很像一个马拉松运动员，跑完一段路程后，会遇到瓶颈期，但是一旦突破这个阶段，前面又柳暗花明、豁然开朗了。

面对女儿的这种“懈怠”，这位爸爸首先是表示完全接纳和理解，他没有强求女儿继续练。过了一段时间，他们所居住的社区要搞一次公益活动，爸爸就给女儿报了名。女儿当然也很乐意，因为她也不需要额外大量地练习，只需要稍作复习，就可以去演奏了。

与以往的演出和比赛不同，当她演奏完之后，社区的老人和邻居们给了她热烈的掌声。这让她发现，自己多年的兴趣爱好不仅可以参加比赛、取得名次，还可以给周围这么多人带来快乐，这一切使她重新认识到了兴趣爱好的价值。因此，在那之后，她又重新开始坚持练习，而且弹奏琵琶的水平进一步提高。在这个过程当中，她还参加了好几次公益活动，她用自己的兴趣爱好“服务他人”的同时，也实现了自己的价值，并享受到了巨大的成就感。

在这个小例子中，爸爸采用的方式是，给孩子提供其他有意义的展示平台，赋予孩子兴趣爱好更多的价值和乐趣，从而让孩子顺利度过了瓶颈期。我们需要这样智慧的做法，重新为孩子的兴趣爱好学习之路注入新的动力和活力。

当然，具体的做法要根据目标不同而不同。如果父母培养孩子兴趣爱好的目的是作为孩子未来的职业选择，比如要成为一名音乐家、做一名游泳运动员，那么培养的方式就应该按照相关领域里的要求，走专业的规划和发展路径了。

警惕家长的兴趣爱好对孩子的伤害

我认识一位姐姐，她比我大几岁。现在，她的女儿已经工作好几年了。她以前见到我，曾跟我说："你看，我的女儿有很多爱好。"

比如，她女儿的第一个兴趣爱好——弹钢琴。之所以让女儿去学，完全是因为这位姐姐自己喜欢。在学的过程中，她经常拿着小棍儿来纠正女儿的姿势。女儿很多时候不愿意练琴，她就逼着女儿练，有时不惜动用武力来达到目的。女儿在妈妈的坚持下，也取得了不俗的成绩，她参加过一些钢琴演奏会，收获了不少奖项和掌声。

她的女儿还有第二个兴趣爱好——篆刻。原因也是这位姐姐自己特别喜欢书卷气，于是就让女儿去学。女儿又是不负妈妈所望，学得非常出色，还曾经代表学校到日本去参加表演。

还有，这位姐姐很喜欢国际象棋，虽然她自己并不会，但她觉得很时髦，也让女儿去学。于是，女儿有了第三个兴趣爱好。女儿的学习能力堪称一流，也是学得出类拔萃，在中学时还曾经夺得过某些赛事的冠军。

作为妈妈的她，在和我说这些的时候，一脸的骄傲和自豪。可是，在旁边的女儿却是一脸无奈，毫无兴致，更无喜悦。后来，她的女儿偷偷和我说："阿姨，那些爱好其实都是妈妈自己的，不是我的。那时我还小，毕竟胳膊拧不过大腿，只能听妈妈的话。但我大学毕业以后，当我独立了，我再也不想碰那些所谓的爱好了，我想去学习我自己真正喜欢的！”

于是，这个女儿毕业后，选择和妈妈离得远远的，像是孙悟空终于逃出了如来佛的手掌心，假期也很少和妈妈待在一起。而她，再也没有主动碰过那些让母亲无比骄傲和自豪的“兴趣爱好”。

这样的状况，并非个例，是非常普遍的。但普遍并不意味着正确！我们应该反思的是，父母到底是培养孩子自己的兴趣爱好，还是让孩子来实现父母的“梦想”呢？这是在培养兴趣爱好的过程中，家长需要特别注意的一个问题。孩子是有自由发展意志的独立个体，绝对不是实现我们自己梦想的工具。

除了上述应该避免的状况，孩子的兴趣爱好学习还普遍存在着另外一种现状，不容忽视。

很多家长帮助年幼的孩子选择了所谓的兴趣爱好后，就会以“不能半途而废”为名，强迫孩子继续学下去。这个时候，孩子没有了放弃的权利。他们之所以选择坚持，是因为胳膊拧不过大腿的无力。

我们经常在网络上看到像《妈妈，当时你要是再逼我一下多好》这样的文章，就是强调父母逼迫的重要性。可在我看来，父母应该让孩子选择自己真正的兴趣爱好。诚如前面所讲，父母可以选择让孩子去尝试自己感兴趣的项目，但最后能不能成为孩子的兴趣爱好，一定要以孩子的意愿为主。

如果作为父母，在小的时候没有条件去发展，但又真的对某一项技能特别感兴趣，完全可以自己报班去学习。这样的方式，不仅有益于孩子发展兴趣爱好，而且对于孩子的成长有着积极的榜样示范作用。因为，在这个过程中，父母能身体力行地为孩子树立一个爱学习、有行动力的好榜样！在家长榜样作用与积极环境的影响下，反而存在着极大的可能性，孩子会发自内心地喜欢上这项技能，并如家长所愿，成为孩子的兴趣爱好。

总而言之，家长要培养的是孩子的兴趣爱好，可绝对不是父母的。只有孩子自己喜欢，他才不是处于绑架式的被动培养模式中，才能真正发掘出自身强大的、自我发展的内在动力，并坚持下去，甚至成为他毕生热爱并不断探寻的领域。

常言说，兴趣是最好的老师，家长也就不用过分担心孩子是否能坚持的问题了。

兴趣爱好比学习成绩还重要的三个奥秘

看到这个题目，你可能会觉得“不可能”或者“不可思议”，但确实如此。客观地讲，比学习成绩重要的事情还有很多。但为什么说兴趣爱好比学习成绩还要重要呢?

总结下来，一共有三个原因：第一，兴趣爱好会为孩子建立自信、认可自己提供一个重要的人生支点；第二，兴趣爱好可以成为孩子提高社会交往能力的工具和平台；第三，兴趣爱好让孩子学会正确看待并接受挫折和失败，懂得“输”比“赢”更加重要。

为建立自信提供一个重要支点

在每个孩子的人格发展过程中，内心都有追求卓越感，成为优秀的人的强烈愿望。家长不用拿他去与别人家的孩子比较，他自己就会在同伴中进行对比，并寻找自己在群体中的位置。而且，在孩子进入学校以后，外在评价标准主要是学习成绩的好坏，是比较单一的。所以，在学生时代，尤其是进入大学以前，他们最大的压力来自学习成绩。

可现实的残酷在于，在一个班级里，学习好的孩子毕竟是少数。大部分的孩子，学习成绩并不突出。如何让大部分孩子达到追求卓越感的目标呢？解决方案之一即是，为孩子发展1～2项他们热爱并擅长的兴趣与爱好。这样，即使他们的学习成绩不突出，他们也仍然可以拥有认可自己人生价值的支点，确认自己卓越的方面和领域。那么，他们再去跟同伴进行比较的时候，更容易建立自信。

这样的支点越多，越容易造就孩子的幸福。这套支点形成的评价体系，就是我们曾经提及的评价标准的多维度。

为社交能力提供工具与平台

举例说明，很多孩子都喜欢打篮球，它是一种团队的运动，必然需要队友互相配合，自然也会结交很多的同伴。孩子在和好朋友训练、比赛的过程中，能培养团队合作能力，也能提升他们的人际交往能力，让孩子获得很强的社交满足感。

在孩子成长的过程中，我们经常会发现，很多孩子因为对某些运动的热爱，会结识更多志同道合的伙伴，不仅发展了自己的技能，还收获了珍贵的友谊。尤其对于青春期的孩子来说，相比父母，他们更易受同伴的影响。这就使他们往往会选择和好朋友相同的兴趣爱好，这是出于发展友谊的强烈需要。而且，在这个过程中，他们还会建立向别人学习的良好方式。进一步说，发展兴趣爱好和发展友谊是相辅相成、彼此促进的。

这足以说明，兴趣爱好对孩子成长的促进是多方面的，不仅涉及自己的身心健康，还包括人际交往等方面，让孩子社会化得更充分、更完整。

让孩子学会面对挫折，接受失败

很多家长都希望孩子拥有强大的抗挫折能力。这就意味着，必须让孩子学会面对挫折、接受失败，并拥有屡败屡战的顽强意志。

可是，当下的教育人为地、过多地强调了排名，强调了竞争。对孩子学习成绩的过分关注，造成了家长群体性的焦虑，父母总是希望孩子努力去争上游，最好能超过别人家的孩子，永远成为第一名，后果往往是孩子根本无法承受失败，甚至也无法接受自己成为第二名、第三名！

可是，人生有几十年的光阴，孩子会一直独占鳌头吗？当他们不如别人的时候，如何能承受，又该如何认可自己呢？所以，发展健康的兴趣爱好，会为孩子提高抗挫折能力并能够正确认识自己提供一个行之有效的解决方案。

一个在比赛中能够正确面对失败、困难和挫折，跌倒之后爬起，继续努力的孩子，自然也会把这种坚忍不拔的精神迁移到其他方面。人格的发展因此而完整，孩子也因此而逐步强大。

基于此，我建议家长朋友们：不论男孩还是女孩，一定要在小学阶段、中学阶段、高中阶段，让他们找到1～2项自己真正热爱的兴趣爱好，坚持下去。其中，我强烈呼吁，一定要帮助孩子找到一项热爱的运动。通过运动，不仅会释放孩子旺盛的精力，同时，运动也会产生让他们快乐的多巴胺。而且坚持运动，不仅可以释放压力、调整情绪，有利于孩子身心健康，也可以提高学习效率，改善他们的学习效果。结合男孩的生理发育和心理发展特点，运动的重要性更为明显。

兴趣爱好的发展，能帮助孩子养成积极、健康、乐观的生活态度，更重要的是，可以实现孩子追求卓越感，认可自己，锻炼抗挫折能力，塑造健康人格的发展需要。所以，我们会得出这样的结论：兴趣爱好在孩子的成长过程中具有极其重要的作用，兴趣爱好比学习成绩还要重要！

让孩子找到他们发自内心热爱的领域，并在条件允许的情况下，帮助他们发展到极致，一定会让我们的孩子受益一生。

本站回顾

每个孩子都是一个小宇宙、小生态系统，兴趣爱好就是让这个系统健康运行、丰富多彩的神秘武器。读完本站相关内容之后，试着回顾一下这些案例，找到以下问题的答案吧。

◎ 为什么11岁男孩酷爱看电视？类似的问题该怎么解决呢？

◎ 培养健康的兴趣爱好的时机，以及发现孩子感兴趣并擅长的领域，有哪三种途径？

◎ 有的孩子长大了以后，再也不碰他之前所谓的“兴趣爱好”了，原因是什么？

◎ 想要孩子既能坚持又能不累，需要如何规划孩子参加兴趣班的数量？

◎ 文中的那位爸爸是如何用智慧的办法，帮助女儿跨过瓶颈期的？

◎ 别小瞧兴趣爱好，它实际上比学习成绩还重要！这是基于哪三个原因呢？

本站导读

与其他章节相比，这一站的话题有点儿沉重，却是很多家长特别关心的焦点问题——如何避免孩子对电子游戏产生严重依赖，甚至沉迷其中？对于青春期的孩子，尤其是小学高年级还有中学的孩子，他们的家长无一例外都对这个问题格外关注。

随着智能手机、平板电脑等电子设备的普及，这个问题越来越趋向低龄化。我曾经看到过不少小学二三年级的孩子，聚在一起热烈讨论《王者荣耀》；更有穿着校服的高年级孩子，在餐厅里彼此面对面，却几乎没有语言交流，完全沉浸在《绝地求生》游戏中。

而很多家长更是因为电子游戏，与孩子斗智斗勇——家长像防贼一样进行各种监控，和孩子进行各种条件的博弈，不仅效果不好，还身心俱疲。

要想避免这种情况，最好的办法是从孩子小时候就注意去防范。当然，如果你的孩子已经步入小学和中学阶段，也没有关系，仍然有办法和机会去解决。

不论你的孩子多大，请所有关心这个问题的家长们，在这一站多停留一会儿，多思考一下，来看看这个问题的预防和解决方案，而且别忘了去实践！

（未经特别说明，本站中的“游戏”特指“电子游戏”。）

第6站

为孩子接种抗游戏病毒的“疫苗”

孩子成长所面临的“三个世界”，你必须了解

当一个像天使般的孩子呱呱坠地的时候，身为父母的我们都有一个最朴素的愿望，希望他健康、快乐、茁壮地成长。

要真正实现这份最简单、最美好的期许，实际上并不容易。我们不仅要从时间上了解孩子不同年龄阶段的发展规律，还要从空间上了解他们成长的生活是怎么构成的。

从某种角度上说，孩子生活在一个三维空间中，由“三个世界”，分别是现实世界、精神世界、虚拟世界共同构成的。

“三个世界”的定义

对一个孩子来说，现实世界就是他的真实生活，由不同的生活环境构成——0～3岁的时候，主要是家庭环境，然后逐步扩展至幼儿园、学校、社会。

精神世界，就是孩子在成长过程中逐渐形成的主观世界，一般包括道德、伦理、心理、信念、价值观等观念和想法，我们可以将其看作孩子的内在自我世界。

虚拟世界是现实世界的反面，也就是说它并不是真实存在的。通常

来讲，它是人为精心设计与创造出来的故事和场景。最具代表性的一种虚拟世界，就是让很多家长“谈虎色变”的电子游戏。这种起源于20世纪70年代实验室的产物，如今已打造出一套让人欲罢不能的运转逻辑，成为盈利能力最强的产业之一。

从时间的维度上讲，一个孩子从出生伊始，他所面临的只有现实世界。这个时候，由于他对外界的认知还处于原生态，也就决定了他的精神世界处于待建的状态。由于他的弱小，他还没有机会接触到虚拟世界。

随着他不断长大，在现实生活中所积累的感受和体验，不断刺激大脑神经发育，越来越复杂，同时，他的精神世界即内在自我的构建也逐步开始。随着时间的推移，虚拟世界也会或早或晚出现在他的视野中，只是根据养育环境的不同，出现的时点会有所不同。

“三个世界”的关系

具体来说，当现实生活能够满足孩子最基本的，也是最重要的、正常合理的需求，比如，关爱、理解、尊重、肯定和赞赏，他就能得到安全感和温暖，进而获得满足感、价值感和成就感。

这样的孩子，其精神世界的构建必定也是健康而丰富的，即积极的自我肯定和自我认同。而反过来，内在自我的强大也会支持他更好地面对现实世界的风风雨雨。同时，他对于虚拟世界的需求也会比较少，体现出来就是他可能会喜欢玩电子游戏，但是他绝对不会严重依赖，或者沉迷其中。

如果一个孩子在现实世界中得不到以上这些正常合理的需要，比如，他处于被忽视的处境，得不到关爱、温暖、肯定和赞赏，他很孤独，他就无从获得价值感和成就感，那么他的精神世界（内在自我）的构建，也会有严重的缺失，处于比较贫瘠的状态。这必然会导致他对虚拟世界的需求远远多于对现实世界的需求——最直接的表现，他会沉迷于电子游戏世界当中，无法自拔。

对于这样的孩子，与其说电子游戏“害了孩子”，不如说是虚拟世界给他提供了一个“精神避难所”——因为，只有在虚拟世界当中，他才能感受到生活的乐趣，他才能寻找到自我，才能忘掉现实世界带给他的烦恼。如果没有电子游戏，很多孩子还能生存吗？这是个现实得极其残酷的问题，但值得所有的家长深思。

美国著名导演史蒂文·斯皮尔伯格曾执导了一部电影《头号玩家》。虽然这个故事是虚构的，但它所反映的是一个真实的社会现实。相信你看完一定会得出这个问题的答案：为什么一个孩子，甚至一个成年人，会沉迷于游戏世界无法自拔。

总结下来，可以从这些分析中得出一个至关重要的结论：

对于一个孩子来讲，现实世界（生活）的质量决定了他精神世界的构建是否充分、丰盈与健康，也决定了虚拟世界在他生活当中占有多大的比重。

这其实是在告诉我们，对于很多担心孩子依赖、沉迷游戏的家长而言，最佳的预防和解决之道是立足于现实生活，为孩子提供一个积极的、丰富的、有趣的、健康的现实世界。

在引发悲剧的电子游戏面前，家长应对的三种方式

新闻一：2018年6月18日，游戏成瘾首次被世界卫生组织（WHO）列为精神疾病。从6月19日起，WHO通知世界各国政府，尽快将“游戏成瘾”纳入医疗体系。

新闻二：2018年8月30日深夜，就在开学的前一天，海门市某小区，暑假沉迷于电子游戏的13岁少年徐某，从舅舅家四楼坠落身亡。

电子游戏，起源于20世纪70年代实验室的产物，如今已成为一种繁荣的产业。但非常多的儿童和青少年对电子游戏却过分依赖，甚至沉迷，这令家长们对游戏心怀恐惧，并且头疼不已。

严重依赖、沉迷电子游戏的危害

家长的恐惧并非毫无根据。因为长期玩电子游戏不仅影响孩子学习，还将对孩子的大脑、精神造成严重危害。根据可以从媒体公开取得的资料，沉迷游戏会使大脑额叶功能减退，孩子会变得注意力涣散，意志力和思考、学习能力下降，对人、对事冲动，甚至产生暴力倾向；

长期玩射击、动作类电子游戏会使大脑灰质下降，导致学习和记忆的功能减退，意味着更有可能得抑郁症、精神分裂症、创伤后应激障碍（PTSD）和阿尔茨海默病等脑疾病，严重的还会产生自杀等极端行为。

而第二则新闻中的男孩徐某所玩的电子游戏，即属于射击、动作类的电子游戏。至于他坠楼的真实原因，是13岁的他仍然无法分清现实和虚拟世界（游戏里跳楼不会死），还是父母关爱的缺失、家庭教育不得当这样的深层次原因呢？

过度沉迷游戏不仅毁了孩子的未来，还会给整个家庭带来毁灭性的打击。希望这样的悲剧真的不要再重演了——不要让电子游戏毁了孩子的未来和人生，还有一个家庭的幸福！

家长的三种应对方式

对于小学生来说，电子游戏必然会出现在他们的生活中，家长也必然无法回避这个问题。而家长采取的态度和方法却各不相同。

有一种家长出于恐惧，就像防贼一样对孩子玩手机游戏进行各种围追、控制和堵截。

比如，一些父母会尽可能地限制孩子使用手机的时间，在上学日手机完全归父母保管，只有周末才把手机交给孩子使用，并且有严格的时间限制。而且，这种情况并不会因为孩子到了初中和高中阶段就有所变化。有的父母会把“手机密码”作为和孩子谈判的一种“交换条件”，借此对玩游戏的时间进行讨价还价。还有的父母为了限制孩子使用手机，会购买某个品牌的手机，设定“学生模式”，进行监管。但往往事与愿违，不仅不能有效监管，反而进一步激发了孩子想玩的渴望，而且造成了孩子破解手机模式“偷着玩”的现象。

有一位妈妈对我说过，她初二的儿子就曾明确无误地告诉她：“妈妈，你越这样防着我，我就越会千方百计地想办法玩。”事实也是如此。

第二种家长则与第一种家长完全相反，走到了另外一个极端，对于孩子玩手机游戏采取“无所谓”的放任态度。

为了让自己轻松些，出于省事或者懒惰，只要孩子能老老实实待着，就对孩子完全不限制，导致在现实生活中，越来越多的孩子从小，甚至是幼儿期就开始大量接触手机，接触电子游戏。这样的状况在很多公共场合随处可见。

这种做法，只会让孩子从小就受到严重的危害，而且年龄越小，伤害越大。

第三种家长则比较理性，他们会认为手机和电子游戏都是这个时代的产物，而让孩子学会有节制地使用手机，自觉地远离电子游戏，是家长的责任，不能通过强制的“堵”的方式来实现“物理隔离”。于是，他们会选择积极学习和正确应对，了解孩子喜欢玩游戏的原因，找到正确的应对方案，以避免孩子过分依赖和沉迷。唯有这种处理方式，才是解决问题的正确路径。

区分正常和非正常需求

父母与其出于恐惧心理排斥电子游戏，不如和孩子站在一起，从小就注重提高他们对于手机、电子游戏的抵抗力，为他们一生健康成长和发展提供一条既开放又有防御功能的通道——我称之为“电脑上的防火墙”，可以自动开启并帮助孩子们抵御外界“病毒”的侵袭。

父母可以根据以下三个原则来区别对待：

● 孩子喜欢、过分依赖、沉迷电子游戏是由不同的原因造成的，所以，一定要了解真实原因，然后区分孩子正常的需求和非正常的状态；

● 对于孩子正常的需求，家长不要恐惧，可以通过自身示范、明确规则、发展兴趣爱好、正确引导来予以满足，并从小培养孩子良好的习惯，逐步提高孩子的自控力；

● 孩子过分依赖、沉迷游戏的非正常状态，是由于父母教育中存在重大的缺失，主要是养育方式上的问题。所以，解决办法是提供积极回应、关注、温暖和理解的养育环境，从根本上满足孩子对爱的需要。

只有在这样的路径之下，孩子才可能对手机和游戏产生“抗体”，从而对手机游戏自动“免疫”。这种“抗体”孩子越早具备，对孩子未来的成长越有利。并且，这种“抗体”的唯一提供者，不是学校，不是老师，而是父母。

长期玩电子游戏或者看电视对孩子的伤害

虽然适当地玩益智类的电子游戏有助于大脑的发育，但长期沉迷电子游戏，对于孩子大脑确实会造成影响和伤害。

不同国家脑科学家的研究显示，长期玩电子游戏将严重影响儿童脑部发育，导致负责学习、记忆、控制情绪等的功能发生减退，严重的甚至发生抑郁的情况。在这里，特别需要家长关注的是，长期看电视也将严重影响孩子的基础学习能力，而且更易导致孩子注意力不集中。

根据儿童脑神经的发育特点，我们知道孩子到10岁左右，脑神经网络才基本发育完善。换言之，在10岁之前，家长一定要尽量让孩子少接触电子游戏，少看电视。

这里要提出另外一个重要的问题：为什么很多孩子在小学低年级时（尤其是10岁以前）不会暴露出严重依赖手机游戏的问题呢？为什么小学高年级以后，尤其是青春期的孩子，这个问题特别突出而严重呢？

究其原因，这是因为手机游戏问题也和很多疾病一样，有潜伏期和暴发期。

潜伏期和家长的养育风格有关，时间比较长，家长不易察觉。这时，因为孩子还小，还能“听话”，家长采用隔离的方式，认为控制得还不错，这其实是非常具备迷惑力的假象。这将导致家长忽略对这个问题的了解和关注。

什么时候会进入暴发期呢？答案是青春期。

因为，处于青春期的孩子，心理上渴望自我认同，追求独立。当身高已经和家长一般高或者超过家长时，他们就会迸发出巨大的心理能量与家长抗衡。当他们通过手机游戏问题去争取话语权时，就进入了暴发期。所以，这个阶段的很多家长就明确反映，“孩子不听话了，并且管不住了”。家长开始和孩子斗智斗勇，不仅力不从心，还收效甚微，亲子关系也越来越差。

综上所述，要想很好地应对手机游戏的问题，家长既要了解长期玩游戏对大脑的影响和伤害，也要了解手机游戏问题的潜伏期和暴发期的特点。所谓“知己知彼，百战不殆”，这样才能知道应该从什么时候开始，做正确的事情来防范孩子过分依赖手机游戏，并从小去提高孩子对于电子游戏和手机的抵抗力。

家长的三个原因，容易导致孩子沉迷电子游戏

2018年6月18日，世界卫生组织把游戏成瘾正式列为一种精神类疾病，这也说明电子游戏所造成的问题是全世界普遍存在的。

从宏观环境来讲，电子游戏已经形成了高利润的一种产业。目前我们国家还没有对电子游戏进行分级立法，这就使得一些充满色情、暴力等有害元素的电子游戏很容易被未成年人接触到。尽管社会大众一直在呼吁国家从政策、立法和监管上保护未成年人，但作为家长，仍然需要从自身做起。

今天，我们就立足于家庭这个微观环境，来分析一下到底是什么原因会导致孩子沉迷游戏。

家长错误的态度

家长对游戏的认识和态度存在严重的问题，尤其是下面这两种两极分化的态度。

第一种态度，有些家长把所有的电子游戏都视为“洪水猛兽”，不让孩子接触，完全隔离。

我身边就有这样的例子。孩子已经上初二了，他在小学阶段就开

始接触电子游戏。但他的妈妈认为只要是电子游戏就对孩子有害，对他接触电子游戏进行绝对的限制。平时不仅严格控制孩子对电子游戏的接触，还包括对手机以及互联网的使用。这个孩子在平时上学的时候，从家长角度看，完全被隔离在“农耕时代”，只有假期才被允许偶尔使用互联网。

这样做的效果看上去“很完美”，但真的如家长所愿，孩子对电子游戏就没有欲望了吗?

妈妈最后发现，“能管住他的人却管不住他的心”。这个孩子会利用一切可乘之机来玩游戏，因为他满脑子想的就是怎么能玩游戏！比如，这个孩子每周要上很多课外班，他会利用上课外班的机会借别的孩子的手机玩。所以，尽管他在父母面前不玩游戏，但是他对流行的游戏都了如指掌。

虽然从表面上看，孩子的父母控制得很好，但实际上，父母这样粗暴的管控，结果只能是逼着孩子偷偷玩，而且家长越限制他，孩子的内心就越渴望。从心理学上讲，这对孩子的愿望和行为起到的是反向强化的作用，造成的恶果是，孩子学也学不好，玩也玩不好，根本不可能把心思放到学习上，这样就造成了一个恶性循环。

但是，更大的危机还在后面。在孩子小的时候，父母可以监管他，但等孩子身体和心理都足够强大，父母无法控制时，他内心长久被压抑的渴望会如洪水一样冲垮堤坝，无法防治。很多上大学的孩子因沉迷游戏被学校劝退，其中不乏考上名校的孩子，就是这个原因造成的。因此，这样的父母只是把问题暂时关在了笼子里，但隐患以及后面的破坏力是巨大的，甚至是家长也无力面对和解决的。沉迷游戏的暴发期只是被人为延后了而已。

所以，要让孩子对手机游戏有自控力，只有让孩子适当接触手机游戏才会真正培养起来。如果家长把电子游戏视作“洪水猛兽”一样惧怕，对于孩子来说，手机游戏真的有一天就会成为“洪水猛兽”。而一旦变为现实，对孩子造成的危害将是难以挽回的。

所以，我们父母首先需要正确看待电子游戏，才能引导孩子有正确的态度——只有家长不恐惧，孩子才能不渴望。

有些家长的态度，则走向了另外一个极端。这就是第二种态度：他们对电子游戏和手机的危害认识不足，或者出于自己的懒惰，让孩子过早接触电子游戏，以减轻自己的陪伴压力。

我在餐厅里面，曾经很多次看到这样的场景：两三岁的孩子，坐在宝宝椅上吃完饭后想下来活动。从孩子角度讲，这是一个非常正常的需求。有的父母为了不让孩子闹，会把手机塞给他，小一点儿的孩子会看动画片，大一点儿的孩子会玩游戏。其实，这是非常不负责任的做法。

我们提示过家长朋友，对于孩子，要从他小的时候就开始注意用正确的方式、观念去培养他的习惯，实施越早，对他的成长越有利。反过来，让他过早接触不应该接触的东西，无疑是有害的，接触越早，负面影响就越大。如果等孩子大了再去纠正，家长需要付出极大的努力，却可能收效甚微，而且家长和孩子都会因此痛苦。

总结下来，这两种错误的态度都会导致孩子沉迷游戏，前一种“太吝啬”，后一种又“太慷慨”。这显然都是不对的。

孩子缺乏正确的价值观

家庭教育的缺失，导致孩子没有树立一个正确的价值观。

2018年，央视在《焦点访谈》的一期节目中，曾给出如下的调查数据：截至2017年6月，中国网游用户已经达到4.22亿人，其中10～19

岁的青少年用户占比近20%，也就是说将近8400万人。现在两年多过去了，这个数字还可能会增加。调查显示，在这样庞大的青少年人群当中，相当多孩子沉迷网络游戏，是因为没有树立正确的价值观。

价值观是个人成长的基石和罗盘，是孩子精神世界的重要组成部分。当价值观发生扭曲，孩子的行为必然也会误入歧途。很多生活当中的实例都说明，如果一个孩子信奉弱肉强食的生存法则，他不仅会沉迷于充满暴力的虚拟世界，在现实生活中也会通过暴力来解决一些问题。如果一个孩子认为不劳而获是正常的，那么他就容易沉迷于赌博类的电子游戏，现实当中他也会无所事事。

一个孩子能否树立正确的价值观，可以说取决于家庭的熏陶和影响，也就是来自于主要养育人——父母。一个孩子如果拥有正确的价值观，他会自动隔离掉那些与自己的价值观相悖的东西，而不受一些有害物质的侵袭。

孩子的基本心理需求无法得到满足

家长没有给予孩子基本的，也是最重要的关爱、肯定和赞赏。

现实生活中，基本的心理需求——被爱、被关注、被肯定和欣赏无法满足的孩子，更容易严重依赖电子游戏。这些孩子在现实世界中无法找到自己的位置，无法实现自己的价值，他们就会转向并沉溺于虚拟世界。因为电子游戏世界为他们提供了一个逃离现实世界的“避难所”。

2017年，在央视一部反映家庭教育的纪录片《镜子》中，有一个叫泽清（化名）的14岁男孩，相信看过这部纪录片的朋友一定会对他印象深刻。他是一个智商和情商都非常高的孩子，本来可以拥有美好的人生，可是由于他的家庭环境并不健康，最终导致他沉迷于一款名为《军旗》的网络游戏，而且在现实生活中有暴力和自残的行为，有时甚至打骂自己的妈妈。

究竟是什么样的家庭环境导致了这样的悲剧？泽清的父母平时感情不和，总是争吵，父亲有时会对母亲家暴。不仅如此，他在父母那里也没有得到基本的关爱，总是被父母忽视，尤其被他的母亲。

到底忽视到什么程度呢？比如，泽清和妈妈说想让妈妈给他做一碗面条，妈妈会说："我今天很累了，没法给你做，你凑合吃点儿。"就是这样的一些生活中最基本的需求，妈妈都无法满足他，感情的回应和呵护也是寥寥无几，就像心理学家哈里·哈洛在1959年用恒河猴所做的著名实验——母爱剥夺实验所揭示的残酷真相一样。不幸的是，泽清生活在没有"存在感"，更没有"价值感"的现实中。

生活日复一日，一直到了初二，处于青春期的泽清从心理和生理上都具备了和父母对抗的能力。他选择了辍学，过起了白天睡觉，晚上打游戏的黑白颠倒的生活。父母任何的劝解，他都予以拒绝，甚至还引起更强烈的反应——自残和破坏行为的发生。其实，冰冻三尺，非一日之寒，问题早就已经存在了。

当央视记者问他为什么每天玩游戏时，泽清很平静地说出了令人非常难受的那几个字："因为能找到存在感。"

泽清的想法是可以理解的，他就像实验中的恒河猴一样得不到母爱，而倍感孤独。他只能在游戏世界里寻找现实生活中无法得到的东西——关注、肯定、尊重，还有价值感。因为他的游戏水平很高，排名靠前，他总是得到奖励，更重要的是得到了一些网友们的尊重。

总的来说，一个孩子，如果在现实生活中得不到最基本也是最重要的需求满足，包括关爱、温暖、理解、尊重、价值感，他要生存下去，就要到虚拟世界中去寻找。与其说沉迷游戏对孩子造成了伤害，不如说是父母对孩子造成的巨大伤害，让孩子只能在游戏世界中逃避和修复。试问，对于这样的孩子，如果没有电子游戏，他们还能生存下去吗？

我经常感慨，孩子是孤独的。他们刚出生时，无法自己独立生存，必须依靠父母来喂养和支持——既包括生理上的，更包括心理上的。这也就注定，他们需要与父母建立起赖以生存、无法割舍而又深刻的依恋和情感。可是，很多父母错误的态度和行为，不仅让他们的基本需求无法得到满足，更严重的是，在现实世界中把他们推向了一个更加孤独的艰难境地，也就是把他们无情地推向了虚拟世界。

身为父母，也许我们每个人都应该好好想一想，我们和孩子生活的每一天，是应该给予孩子需要的，还是只关注我们自己想要的呢？

只需两步，引导孩子正确对待电子游戏

在小学阶段，孩子一定会接触到电子游戏。所以，我们今天探讨的内容就是如何区分不同的状况，来引导孩子正确对待电子游戏，这也是建立规则的前提条件。

一般而言，孩子有几种正常的玩电子游戏的需要，分别是发展兴趣爱好，单纯的娱乐，社交需要，以及调整情绪、释放压力的方式。这里需要特别说明的是，只有在孩子正常需求的基础之上，通过制定规则的方式予以约束，才有意义。因为，这样既可以满足孩子的需求，也可以帮他们形成良好的习惯——有节制、自律地玩电子游戏。

而对于非正常的需求，也就是因为家庭环境的恶劣，如泽清一样，得不到父母关注和爱的情形导致孩子沉迷游戏的状况，制定规则无法解决根本问题。父母只有致力于改善现实生活的质量，才是根本的解决之道。

既然我们明确了制定规则的前提，那么，家长对待游戏的态度应该是正常的，也就是说应该是开放的，不要排斥，不要反对，更不要恐惧。然后就可以按照以下两个步骤来处理。

第一步：充分了解游戏，做出理性判断

了解游戏内容，判断是否适合孩子玩。

如果不适合孩子玩，我们可以告诉孩子原因，并且真诚而坦率地跟孩子讲，等条件满足，比如说孩子大一些了，就可以玩。如果确定内容适合孩子玩，我们首先可以和孩子表明态度，并制定相应的规则，按照规则来玩。

为什么要采用这样的方式呢？因为通过这样的方式，才能帮孩子树立两个正确的意识：

第一，并不是所有的电子游戏都适合他，需要父母帮他把关；

第二，适合的游戏也需要有规则意识，不能毫无节制地玩。

第二步：了解孩子内心需要，引导或满足

根据游戏的内容和形式，明确孩子的需求，然后采用不同的方式，进行引导。这里，可以分为单机版和联机板游戏来加以说明。

单机版游戏

如果一个孩子喜欢玩单机版游戏，那么游戏一般是满足他兴趣爱好、单纯的娱乐或者减压这三种需求。这种状况下，家长可以采用深度参与的方式，也就是时不时和孩子一起玩玩。

我们可以先看一下这位妈妈的做法。

她的孩子因为喜欢漫威的超级英雄电影，即《美国队长》《钢铁侠》《复仇者联盟》等系列，也喜欢上了超级英雄系列的游戏。据说里面一共有400多个形象，造型都非常酷。虽然这位妈妈之前陪孩子看了所有的漫威电影，但是还有相当一部分角色，她远不如孩子了解。所以

在孩子玩游戏的时候，妈妈特别感兴趣地要求孩子给她讲一下：“这些角色都是谁？都有什么超级本领？你最喜欢哪个超级英雄？为什么你会喜欢他呢？……”这个时候，孩子的心理状态首先是非常高兴，因为家长并没有因为看他玩电子游戏而反感、训斥他，而是有兴趣和热情去了解他的想法。他就会很开心，很兴奋地愿意给妈妈讲这些角色，以及回答妈妈的这些问题。

这样的处理方式有助于增进父母对孩子的了解，通过电子游戏这种媒介，建立更好的亲子关系。在这种情况下，孩子感觉到父母愿意站在他的角度看问题，那么他也会愿意站在家长的角度来遵守规则。因为，理解是相互的。当我们家长给予了孩子理解，孩子同样也会回馈给我们理解。

在家庭教育的系统中，存在着这样一个公式：良好的亲子关系+引导+必要的管教=顺服。以前我们经常说，孩子都是“顺毛驴”，其实，就是这个公式表达的意思。这个公式为什么适用呢？因为孩子玩游戏，本质是为了获得快乐。

当家长反对的时候，站在他的对立面上，泼孩子的冷水，他就会产生不高兴、反感、抵触，甚至厌恶的负面情绪。在这种抵触的情绪下，他也不会愿意配合家长遵守规则。这时，前面的公式会失效，导致一个相反的公式：恶劣的亲子关系+引导+管教=叛逆。希望大家在现实生活当中，这样的状况越少越好。

当然，亲子关系是否良好，不是建立在孩子是否听话或家长是否一味溺爱孩子的基础上的，而是建立在独立个体的基础之上的（这部分内容详见前言部分）。

回到案例中的这个孩子，后来他开始玩新的游戏，也会主动邀请妈妈来了解或者一起玩，这位妈妈也非常乐意参与。我非常赞同这位妈妈的做法，因为我们对孩子有更多、更深的了解，就意味着有更多的共同话题，也意味着我们有更多的机会去影响他们、引导他们。

联机版游戏

这种形式也可以满足孩子娱乐、好奇的需要，但如果是和同学玩，或者和认识的孩子玩，则更多的是满足孩子社交的需要。如果你的孩子提出这样的要求，就发出了两个信号：

第一，有交朋友的愿望；

第二，提议他一起玩的小朋友，就是他想去交的朋友。

这个时候，父母先不要急于否定他玩游戏的愿望。我们可以这样处理：先肯定孩子想交朋友的积极想法，然后提议比电子游戏更好的交友方式，也就是帮他找一个替代方案。最好的方式是让孩子邀请这个小朋友还有其他同学一起到家里玩，或者到公园一起活动。这样既满足了孩子社交的需要，也帮助孩子加深了对同学的了解，然后进一步判断这些同学是否符合孩子的交友标准。

提到社交能力，我们需要特别强调一下，孩子在进入小学以后，将有很强的社交需求，家长一定不要只关注学习，要注意多渠道、多方位了解孩子在学校的情况。应该了解孩子的同学，并引导、帮助孩子建立积极的交友标准。这些交友标准可以是：相同的兴趣爱好（最好是非电子游戏方面的）、相近的性格，甚至相同的价值观。当然，这一切取决于家长和孩子的沟通是否顺畅。

也就是说，家长要是听说孩子喜欢哪个小朋友，我们就积极创造具体的活动，满足孩子的现实社交。这样，就会有效降低孩子对电子游戏途径交友的依赖。因为一旦孩子习惯通过玩电子游戏来交友，他们就容易对电子游戏产生依赖。这其中一个重要原因是，联机版的游戏设计者目的之一，就是通过组队的方式，建立彼此之间的强绑定关系，以延长玩家的在线时间。

在这里，我们也要特别提醒家长朋友，在生活中多和孩子看一些优秀的动画片和三观很正的电影。好的电影也是多元化阅读的一部分，不仅可以促进孩子认知水平的提高，而且也为他们提供了更多的交友方式。

综合以上，我们这部分探讨的核心内容就是——先判断这款游戏是否适合孩子玩，然后通过对游戏形式与内容的了解，明确孩子真实的内心需求，再通过寻求更多现实生活中的替代方案，来满足孩子的愿望。

玩电子游戏的规则，要从电视规则说起

在制定规则之前，我们需要先探讨一下“到底需不需要制定规则”这个问题。有的专家说不用制定规则，孩子喜欢玩是正常的，等他玩够了自然就不玩了；而有的专家又说，当然需要规则，因为孩子的自控能力一般比较差，如果让孩子一直玩下去，不仅对功课和学业有消极影响，对孩子的视力也是非常有害的。

我认为一定要制定规则，因为孩子的自控能力，一方面取决于家长所树立的榜样，也就是家长的自律程度；另一方面，需要通过规则来培养孩子的自律意识，尤其是现在存在多种娱乐方式的条件下，制定规则实际上就是选择的过程，而选择就意味着孩子要对自己的选择负责。自律对于孩子来说，是一种非常重要的能力。通过制定玩电子游戏的规则，还有生活中的其他小事，就可以很好地培养和锻炼孩子自我选择、自我负责的能力。

我们已经明确了一定要制定规则，那么，如何制定玩电子游戏的规则呢？就规则而言，主要包括两方面的主要内容，分别是——什么时候可以玩游戏，以及可以玩多长时间。

这里，制定电子游戏规则，需要先从制定电视规则谈起。

在小学阶段，有一个可以减少孩子对手机游戏依赖的重要方案，就是尽量引导孩子用看电视或者其他有益的娱乐方式，比如看电影、阅读等，替代电子游戏，目的就是不让孩子养成每天玩电子游戏的习惯。

电视为什么可以起到替代电子游戏的作用呢？

这是因为在3～6岁期间，孩子可以适当看一些电视节目，比如《动物世界》，还有一些好的动画片。看电视，对孩子来说更熟悉，而孩子也更容易延续原来的习惯。

确定看电视的时长

有个简易的方法，就是根据电视内容的时长确定。

比如，电视节目一集是15分钟或者20分钟，那么在设定规则的时候，最好和每集长度吻合。这样做的好处，是看完完整的一集之后，孩子满足感最强，同时他也不会因为中间被打断而心烦意乱。如果设定的时间内节目没有结束，还差几分钟，孩子想看到结尾的心愿无法满足，就非常容易导致孩子情绪烦躁，接下来就容易和家长发生冲突。在这种情况下，孩子难以遵守规则，还会经常爆发冲突。

如果家长担心孩子看的时间比较长，影响视力，可以在节目的中间时段，即看到一半的时候，让孩子暂停或者活动一下。这样既能照顾到孩子正常的心理，保持节目的完整感，还能让孩子认识到父母不仅关注他们的健康，而且能够体谅他们的愿望，他们就更愿意主动配合，并积极遵守规则。

确定玩电子游戏的时长

首先，需要考虑孩子的年龄：

● 如果是不到6岁的孩子，最好控制在5～10分钟，因为年龄越小，使用电子产品对孩子的视力影响越大；

● 6～12岁的孩子，建议在10～15分钟；

● 对于大一些的孩子，比如12岁以上，可以放宽至15～20分钟。

其次，需要考虑电子游戏每一局的时长，也尽量保证孩子可以玩完整的一局。这样，与看电视节目同理，让孩子有完整的体验感、成就感，然后心满意足地进入到其他学习、生活环节中。

确定可以看电视、玩游戏的时点

我们需要区分平时上学的时间和周末的时间，因为不同时间段要适用不同的规则。

关于上学日的规则

从上小学第一天开始，父母就可以与孩子约定：需要把当天该做完的事情，比如作业等，先做完再看电视。

这里需要说明一下，不是说回家以后必须立刻做作业，可以先让孩子玩20～30分钟，充分放松和休息一下，尤其是男孩子。这是因为孩子在学校毕竟是受约束的，先让他们在户外玩一玩，跑一跑，或者在家里面折腾一下，充分释放一下白天被束缚的精力，享受一下自由感，再吃点儿水果或者点心（因为小朋友都饿得比较快，先享受一下美食的快乐），然后就可以高兴地开始做作业了。

另外，通过放松休息，还可以调整孩子的情绪。如果这一天孩子恰巧有不高兴的事情，情绪不佳，家长也可以先疏导一下孩子的负面情绪。情绪对孩子至关重要。只有孩子高兴了，才会愿意做后面的事。

也就是说，在平时的上学日，可以明确从周一到周四，孩子在完成当天必须做完的事情之后，才可以看电视。这种主次之分，对培养孩子按优先级以及重要程度处理事务和时间管理的能力，都非常有效。

如果孩子已经养成了回家先看电视、玩游戏，再做作业的习惯，要怎么办呢？答案是，只要对学习效果没有影响，无伤大雅。而对于一年级“小豆包”，或者还需要培养习惯的孩子，我们可以和孩子明确先做作业，再做其他的事情的流程。

关于周末时间的规则

从周五晚上开始，孩子就可以自行决定什么时候看电视了——他可以对自己的时间有支配权！

因为经过了一周的学习，孩子想放松一下，采用周末的规则，是非常人性化的做法，也是符合孩子心理需要的。在孩子成长的过程中，需要父母逐步给予他一些自主的空间，通常是年龄越大，自主空间也会越大。这样，一方面可以逐步让孩子建立对自己生活的掌控感，一方面可以锻炼孩子的自我管理能力。

执行并落实规则的方法

关于电视

以电视内容的长度，一般一集动画片是20分钟为例。平时可以看20分钟，周末可以适当放宽到30～40分钟。如果周末看了一场电影，就可以替代当天的电视时间了。如果选择用电脑看节目，就不能再看电视了。

关于电子游戏

一般电子游戏较多是在平板电脑上玩的，考虑到平板电脑对眼睛的伤害比较大，建议按照约定的时间来执行。并且玩游戏的时间长度，不因是周末而延长。

在这里面还有一个替代关系，选择了游戏，就不能选择电视。

有些家长可能会觉得这样制定规则比较麻烦，其实不然。因为现实生活中有各种电子产品，如电脑、电视、平板电脑、手机，为孩子提供了多种可供选择的娱乐方式。我们在制定规则的时候，也需要考虑得周到些和细致些。而且，规则本身不宜特别简单，但同时也不能太复杂，因为太复杂了难以遵守。

换一个角度说，生活本身就是不断选择的过程，孩子应该从小学会选择，学会权衡，学会取舍，更重要的是学会为自己的选择负责。尽管这个结果可能不理想，但是也要选择接受，这是好事情。

最后，特别提醒两点：

第一，如果可以用电视替代电子游戏，那么就坚决替代；

第二，父母确立规则时，最好和孩子充分协商，这样有利于孩子遵守规则。对孩子不合理的要求，父母要把原因跟孩子讲清楚，然后温和并坚定地按照合理的方式执行。如果归结到养育方式上，就是父母要行使必要的权威来界定孩子行为的边界。

确保孩子遵守规则的三个诀窍

我接触到的很多家长，都被“孩子应该怎么遵守规则”这个问题深深困扰着。

本来已经和孩子协商好了规则内容，但具体执行时又碰到很多障碍，并会因此引起不少矛盾和冲突。所以，在执行规则时，要记住下面这三个小窍门，分别从时间上、空间上和形式上去保证规则的执行。

时间上：事先提醒和必要的弹性

在时间上，家长需要借助一些计时工具，如计时器、手机闹钟等，来给孩子计时。

对于一二年级的小朋友，他们对时间还没有多少概念，家长最好准备一个计时器。这个计时器有两方面的作用，一个是加深孩子对时间的认识和理解，另外一个是培养他们的时间管理观念。

以规定了20分钟的看电视或者玩游戏时间为例，具体的做法如下：

对于年龄比较小的孩子，在还有3～5分钟时间就要结束的时候，家长可以温柔地提醒孩子：“宝宝，还有3（5）分钟时间就要到了！”这样做的目的是让孩子从情绪和心理上都做好游戏即将结束的准备。

这个提醒在规则执行初期非常关键！这是因为，孩子在玩游戏或者看电视的时候，处于比较专注和兴奋的状态。如果没有这个提醒，等时间到了的时候，父母再告诉孩子“不能看（玩）了”，他就会非常沮丧和不情愿。但如果做到了事先提醒，孩子就会从心理和情绪上进行调整和过渡。等时间到了的时候，他因为有了准备，就比较容易接受并遵守约定，因此也可以避免孩子和家长之间产生不必要的冲突。

对于大一些或者自律能力强的孩子，父母可以把计时的工作交给他们自己。之所以这样做，更多的是基于对孩子自我管理能力的信任。当然，交给孩子，并不代表着父母就完全不管了。父母还是可以去观察他，看孩子是否能够很好地执行规则。如果事实证明不行的话，家长还可以适当地提醒，或者直接再参与进来。

不论对于小孩子还是大孩子，需要特别说明的是——父母应该允许时间上有一点儿弹性，不是说超过一分钟都不行。

相信很多家长都遇到过这样的情况：父母事先也提醒了，但孩子会说：“妈妈，你能不能再给我一分钟或者两分钟啊？我把这一关玩过就好了。”在这种情况下，家长完全可以尊重孩子的想法。妈妈可以温柔而坚定地告诉他：“那好，妈妈就再给你两分钟。但是两分钟后，我们必须要结束了！”这样其实更多的是在告诉孩子，“你的心情可以被理解”。而且还有一个很好的效果就是，孩子的愿望被满足了之后，他的内心是对家长充满感谢的，他的情绪也会处于良好的状态。

一个孩子情绪的好坏与否，对于他都是非常重要的。当他的好情绪被破坏，父母往往需要更长的时间去改善他的情绪状态。所以，在一些正常的情况下，父母要更多关注他的情绪，而不是事情本身。

空间上：开放而不封闭

很多家长都曾问我："孩子在自己的房间里玩游戏，我们要是总去看，他就不高兴，然后总说我们不信任他。但我们真的不放心——他能控制自己，到时间就真的不玩了？这个问题该怎么办？"

面对这个问题，我们需要从空间上来寻找解决之道。

玩游戏、看电视或者看视频的时候，一定要在客厅或者其他开放的空间，绝对不要让孩子在私密的空间里。

当然，如果家长确信自己的孩子可以很好地自我管理，而且家长知道他看的内容，也可以让他在私密空间进行。但是，在执行规则的初期，或者在孩子具备很强的自我管理能力之前，一定要让孩子在开放的空间做这些事情。

具体执行的时候，家长也不是要一直在孩子旁边目不转睛地时刻监督他。父母完全可以做自己的事情。但从孩子的心理状态来说，他会有一种在"被监督"的情况下来执行规则的感受，从而影响他遵守和家长做的约定。

其实，这就是一种习惯，一种行为习惯和一种心理习惯。父母这样的做法，重点是关注孩子在玩什么游戏，在看什么内容的视频。因为对于未成年人，家长需要起到监督、把控和引导的作用。

特别提醒一下，年龄比较小的孩子看动画片，建议家长陪同观看。因为，如果里面有一些容易对孩子造成误导的地方，家长可以及时进行讲解。这样做的目的是让孩子分清哪些情节只是存在于动画片里的，在现实生活中是绝对不被允许的，以避免孩子对自己或者他人造成伤害。

做到这一点，不仅会帮助孩子养成遵守规则的好习惯，还有助于帮助他们正确理解事物，明辨是非，包括建立正确的价值观。

形式上：健康而高质量

很多家长也会问我这个问题："我的孩子喜欢看动画片，或者喜欢看视频，但都是网络资源，只能在平板电脑上看，怎么办？"

这个问题的解决方法简单而有效：买一根转换的数据线，把平板电脑或手机连到电视屏幕上。有些父母也会用这样的方法陪同孩子一起玩电子游戏。这样既满足了前面所说的空间上是开放的，另一方面也可以提升孩子的观看体验，而且又能保证孩子的健康。

归根结底，只要我们满足了孩子内心最想的那个愿望，在正确的沟通方式之下，孩子会在形式上、条件上都非常愿意配合家长的。

以上就是我们家长如何从时间上、空间上和形式上保证规则执行的方法。还需要提醒家长们，在执行规则的时候，一定要注意区分场合。

比如，家长带着孩子去参加同学或朋友聚会的时候，家长可以聊个不停，但孩子之间一般没有太多的话题，他们特别容易玩手机、玩游戏或者扎堆儿看视频，这个时候家长尽量不要用家里的规则来要求孩子。

因为，在这种场合，孩子都有要面子，也就是维护自尊的需要。如果家长很生硬地照搬家里的规则，予以粗暴打断或者制止，孩子会觉得在那么多同龄人面前很没面子，抬不起头来，他就会很反感家长，会容易因为玩游戏形成对家长的抵触和排斥心理，也就不利于回到家庭情境中遵守规则。所以，在类似的场合下，正确的做法就是，当孩子玩的时间确实比较长时，可以温和而善意地提醒说："宝宝，妈妈担心你的视力，你看要不要休息一下再玩？"至于接下来孩子是选择休息还是继续玩，由孩子自己决定。因为，在这样的场合下，尊重孩子的意愿、维护他的尊严比遵守规则更重要。

健康的兴趣爱好是防止孩子依赖电子游戏的良方

在本书的第5站，我们深入探讨了孩子拥有健康兴趣爱好对其一生发展的重要意义。结合电子游戏的话题，你还会发现——健康的兴趣爱好也是其中一个非常有效的预防和解决办法。

为什么健康的兴趣爱好会降低孩子对手机的依赖？特别需要说明的是，这里所说的兴趣爱好，不是特长，是指孩子真正喜欢的活动或者项目。我们先通过两个生活小案例来看一下，兴趣爱好是如何影响孩子对电子游戏的依赖的。

明修栈道，暗度陈仓

一位父亲发现12岁的儿子喜欢上了电子游戏，并且每天都要花大量的时间玩游戏。他心里非常焦急，但是他并没有表现出来，也没有公开反对，更没有粗暴地制止与干涉，而是采用了一个非常智慧的做法。

这位爸爸是怎么做的呢？他不动声色地拉着自己的儿子去一起学习打乒乓球。在这个过程当中，他也使用了一些电子游戏中的小策略，如及时有效的正向激励、肯定，很快让孩子喜欢上了打球。在父子俩不断较量的过程中，孩子找到了乐趣和自信，体会到了很强烈的成就感（这其实也是孩子在游戏世界中找到的感觉）。

虽然这位父亲表面上不露痕迹，但在他的精心安排下，孩子很快就把对电子游戏的兴趣转移到了打乒乓球上。所以说，这位父亲“明修栈道，暗度陈仓”的做法告诉我们，帮孩子发展一个兴趣爱好，可以降低孩子对电子游戏的依赖。而且，这位父亲在和孩子打乒乓球的过程中，所使用的策略就是游戏世界的机制。通过精心设计的“输给孩子”和“赢得胜利”激发孩子的自信心和求胜欲。

如果你留意观察，就会发现在英文中游戏就是“game”，如篮球等体育运动，本质上就是一种“game”。这位爸爸采用的方式，就是用现实世界中的游戏代替虚拟世界中的游戏。更重要的是，在爸爸和孩子打乒乓球的过程中，他们也建立起了比原来更亲密的亲子关系。这一点是电子游戏所无法给予的。

醉心《王者荣耀》的孩子，看心理医生无效

一个17岁男孩的妈妈在微信上和我说：“我想带孩子去看心理医生。”我问她原因，在她提供了更进一步的信息后，我得知了事情的来龙去脉。

原来，她的儿子马上升高三了。孩子每周六下午都要玩5个小时左右的《王者荣耀》，由此她判断孩子“沉迷电子游戏”。妈妈很担心，因为孩子很快要高考了。但处于青春期的孩子比较叛逆，她怕说多了孩子不高兴，所以，格外小心翼翼。

在沟通的过程中，我问这位妈妈：“你的孩子现在有没有什么兴趣爱好呢？”这位妈妈的回答是：“我们在孩子小的时候，也没太注意这方面的培养。再加上升上中学以后，孩子的学习也非常繁忙，学业压力

很大，所以我们更多的是关注他的学习成绩。为了不耽误他学习，我们就觉得这方面更无所谓了。”

而且，这位妈妈也遇到了很多家长所遇到的共性问题——与青春期孩子沟通困难。在这个男孩进入青春期以后，妈妈跟他在亲子沟通上产生了很大的障碍。母子俩的沟通常常火花四溅，不欢而散。她就更不知道该怎么办了。

经过详细了解，我给她提了一些改进建议：在这种情况下，带孩子去看心理医生是没有什么实质性帮助的，因为他并不存在心理上的障碍或者疾病。造成孩子严重依赖手机的主要原因，除了养育方式不当造成的青春期亲子关系不佳，还有一个很重要的原因，是家长没有在孩子小的时候，帮助他找到有利于健康发展的兴趣爱好，为他提供丰富多彩的生态环境——因为孩子没有什么其他的、有益的兴趣爱好，所以，他就把电子游戏作为打发业余时间、交友、缓解压力以及调整情绪的工具和出口。

很多孩子因为在应对压力时缺乏必要的宣泄和排解渠道，特别容易依赖电子游戏。这是因为，一方面，玩电子游戏的条件更容易满足，只要有部智能手机和网络就可以轻松实现；另一方面，同学们都在玩，游戏往往变成了社交的工具。孩子一旦养成了这样的习惯，久而久之，形成固定的行为习惯，更加难以改变。而且，越到高年级，孩子的学业压力越大时，孩子就越容易依赖电子游戏。

可是，当孩子到了青春期，尤其到了16岁以后的高中阶段，他的成长模式基本已经定型，再加上这个年龄段孩子受父母的影响更弱，受同伴的影响更强，父母发现问题想去干预时，就会发现比较困难。如果想有效调节，先要打破和孩子的沟通障碍。

也就是说，结合孩子的发展特点，在孩子小的时候，父母如果给他们提供多渠道的发展空间，不仅可以让他们的成长充满乐趣，还可以让他们远离一些不良的嗜好。而孩子如果能找到一项运动上的兴趣爱好，真的是受益终身。

电子游戏的存在对家庭教育提出了更大的挑战，同时更是检验家庭教育质量的试金石。作为家长，我们应该理解孩子真实的、正常的内心需要，尊重他们自我的成长，用爱和温暖来充实他们的现实世界，帮助他们构建丰富而积极的精神世界。这样，电子游戏所代表的虚拟世界给孩子带来的些许娱乐，才不会危害到他们的身心健康。

而能否做到这一点，完全取决于父母能否提供充满爱、接纳、理解、尊重、肯定、赞赏和温暖的养育环境。让我们一起加油吧，只要用心学习，努力实践，一定可以把如“洪水猛兽”般的电子游戏紧紧关在“父母关爱与孩子自控自律”的笼子里。

本站回顾

只要父母及早正视这个问题，并主动学习，就可以为孩子从小“接种”抵御电子游戏不良影响的“疫苗”。读完本站的相关内容，试着总结一下下列问题的答案吧。

◎ 孩子成长由哪“三个世界”构成？

◎ 面对“洪水猛兽”般的电子游戏，家长都有哪三种应对方式？

◎ 长期玩电子游戏或者看电视有哪些危害？游戏问题的潜伏期和暴发期，你了解吗？

◎ 在家庭中，父母哪三种错误做法容易让孩子沉迷于电子游戏？

◎ 家长只需要两步，就可以引导孩子正确对待电子游戏。你还记得是哪两步吗？

◎ 玩电子游戏和看电视的规则，要如何制定并落实？

◎ 为了确保孩子遵守规则，务必记住的三个小窍门都是什么？

◎ 健康的兴趣爱好为什么可以防止孩子沉迷游戏？

本站导读

黎巴嫩著名诗人纪伯伦在他的散文诗《致我们的孩子》中曾指出，孩子的灵魂属于明天，属于父母做梦也无法达到的明天。尽管这首诗写于大约距今100年前，却是亘古不变的真理。作为父母，我们成长于过去，但孩子，却是成长在现在、面向未来。

如今，我们身处的21世纪，已是千变万化、日新月异的互联网时代。即将到来的人工智能时代不再仅存于各种科幻作品当中，而是正在逐渐成为清晰可见的现实。

目前，有一些岗位正在逐渐被人工智能取代，如制造行业中的生产线工人、物流分拣人员、超市的零售人员，以及很多服务行业的一些初级岗位。虽然对于AI能否在不远的将来彻底取代人类的争论不绝于耳，但事实是，AI正在以强大的学习能力，威胁着人类的就业和生存。

而教育的目标也正面临着同样严峻的挑战……时代变了，我们的教育要不要改变？这个问题的答案显而易见，但究竟要注意哪些问题呢？

在不知不觉中，我们的旅程已经接近尾声。在这最后一站中，我们要面对的课题是“未来已来，我们要如何升级自己的教育观念，并培养出真正面向未来、可以不被AI取代的孩子”。

第7站

未来已来，让孩子立于不败之地

互联网时代，孩子成长环境却变恶劣了吗

孩子：“妈妈，我们现在的物质生活这么好，但为什么我的同学都感觉不快乐呢？”

妈妈：“是呀，这是个好问题。为什么呢？”

我这个“70后”，在家排行老三，童年生活是在物资匮乏的年代度过的。我两位“30后”的父母，每天为了解决一家五口的温饱问题而忙碌着，根本没有太多精力关注我们。我们从某种程度上来说就像一群野孩子，接近于纯天然、原生态的放养状态。

我们上学那会儿，没有兴趣班，也没有课外班，全靠自己学。每天放了学，写完了作业，就和邻居街坊的小伙伴们疯玩。跳皮筋，弹玻璃球，雨后在马路牙子边用泥巴筑大坝……各种活动乐此不疲。

记得当年有一位“富得流油”的邻居，家里有台黑白电视机。我们每天搬着小板凳，就像中了彩票一样乐得屁颠屁颠的，和小伙伴一起挤在电视机前看《加里森敢死队》《大西洋底来的人》，那真是无与伦比的幸福呀。上学、放学的时候，也没有什么私家车接送，和顺路的同学搭伴，要么一起骑自行车，要么走路或者坐公交车，既加深了友谊，又获得了很多乐趣……

在很多可以和家长交流的场合，我们都会一起探讨一个问题：“在

物质极大丰富的今天，相比我们成长的年代，我们孩子的成长环境变得更好了，还是更恶劣了？”在我看来，无疑是后者。为什么呢？

对“成功学”的推崇备至

改革开放40年，经济的蓬勃发展，也把整个社会对“成功”的渴望不断推向更高处。正可谓，没有最高，只有更高。财富的积累为我们带来了更多的选择，这其中就包括立足中国，在全球范围内选择优质的教育资源。对于一个家庭来讲，孩子如果上了名校，就意味着“成功”；踏入社会，孩子如果有了份好工作，就意味着“成功”；未来如果赚大钱，住大房子，开好车，就意味着“成功”。

正如马未都曾经在一档访谈类节目中所说，当下的中国社会，太强调成功学，而忽视了作为个体必须具备的承受挫折和失败的能力，而后者才是形成完整人格必备的重要部分。蔡元培先生早就有论断：“决定孩子一生的不是成绩，而是健全的人格。”

对于很多父母来说，财富越多，对成功的渴望越强烈，甚至形成某种幻想——两者之间具备了某种与生俱来的正相关。

焦虑指数屡创新高

以前食不果腹的年代，家里孩子多，父母忙于生计，没有太多时间关注孩子，更不可能事无巨细地照顾。实行计划生育以后，家里就一个孩子。生活好了，再加上对成功的强烈渴望，好像一个孩子的成功就保证了子孙后代成功。

父母都觉得输不起这场教育的战役，所以对孩子的关注度急剧上升，远远超过了孩子所能承受的正常值。如果只是盯着自家孩子的赛道也还罢了，问题是还得时刻瞄着别人家的孩子。别的孩子速度和长势比较好，我们就开始焦虑。可是，孩子和孩子本来就不同，本来就不具备可比性。这种没有意义的比较，更严重的后果，是以打击孩子的自信心为代价。

越比较，孩子越不好；越比较，家长越焦虑。焦虑就像一副精神枷锁，会因为一点点风吹草动，就让家长越陷越深。孩子们呢？无法与家长抗衡，只能在焦虑的旋涡中苦苦挣扎。

教育链的产业精细化

个人财富的积累，社会对成功学的鼓吹，父母对成功的焦虑和渴望，让教育迅速产业化并精细化。孩子想学习任何一种技能，都可以在市场中找到多家竞争者。

兴趣班倒还情有可原，只要是孩子发自内心喜欢的，当然可以选择。我小时候喜欢画画，可是那时找不到兴趣班，只能随手涂鸦。但兴趣班引起的问题在于严重低龄化，2岁的小朋友就要开始学画画。还有的小朋友普通话还说不好、说不全，就要去学习英语。

补习班就更不用说了，“海淀黄庄现象”不是个例，只是太过扎眼而已。还有各种针对升学的面试培训，美其名曰，根据个性打造与众不同的面试能力，其实都是一个模子刻出来的，不仅加工痕迹明显，孩子们看上去也完全没有了个性。一到周末或者放学后，本该充满孩子们欢声笑语的小区里，却很难见到几个大孩子，因为他们真的太忙了。

财富、关注和焦虑充分保证了这种教育产业的繁荣发展，家长们大有不惜代价投入的势头。

互联网的诱惑与混乱

“如果在没有无线网络（Wi-Fi）的环境中生活，我们能坚持多久？”

答案恐怕是不会超过10分钟。

比之20世纪七八十年代封闭和简单的环境，现在的环境可谓开放和缤纷多彩。孩子们从小就接触到高科技和互联网产品，电子游戏、短视频和网络直播都在千方百计地吸引着他们天真烂漫、童真无邪的视线。

可是，伴随着各种信息而来的还有那些靠孩子自身能力无法抵抗的充满暴力、色情和赌博内容的电子游戏、各种视频，这些内容会逐渐腐蚀孩子们纯真的心灵，也会让他们的眼神变得空洞，性情变得暴躁，价值观变得扭曲。社会的环境不仅比以前变复杂了，还变恶劣了。

中国的社会正在全球化的浪潮中发生着巨变。可我们教育观念的意识土壤却没能在短短几十年中跟上时代的节奏，因此，财富、欲望、焦虑、产业化和教育观念之间的巨大鸿沟，正在大部分的家庭中让孩子们的成长变得越来越有压迫感和撕裂感。

当孩子们被过早教育、过度教育压得毫无喘息之力时，就会形成身体和心灵上严重的创伤。而这些创伤的破坏力会在小学、中学、大学甚至成年后显现出来。到那时，谁来抚慰他们需要救治的心灵，谁来对他们未来的人生负责呢？

亚当·斯密在1759年出版的《道德情操论》一书中说：“被他人注意，被他人关怀，得到他人的同情、赞美和支持，这就是我们想要从一切行为中得到的价值。”而我们的孩子从降生到这个尘世开始，就应该从父母那里得到这些他们终其一生所追寻的价值。这一切，不用去考虑我们是身处农耕社会还是互联网时代。因为，这些和财富无关，只和人与人有关。

关爱未来的母亲，尤其要做好性教育

“关爱现在的女孩，就是关爱未来的母亲，也就是关爱我们的子孙后代。”

前一段时间，我读过一本书，书名是《天空的另一半》，由普利策新闻奖得主讲述了关于女性绝望与希望的社会现实。在书中，作者描述了大量发生在发展中国家的女性，尤其是女孩所遭受的各种非人待遇。

“过去50年内世界上遭受杀害的女孩比整个20世纪死于所有战争的男性还要多。”这让我非常震惊。而作者在书中也感慨：“对于女孩教育的投资，很可能是发展中国家所进行的投资里具有最高回报的投资之一。……教育女孩是摆脱贫困最有效的方式之一。”

无独有偶，在电视台播放的国际新闻，也曾做出了与之类似的报道和呼吁。在当今的中国，我们尤其需要关注女孩的教育，关注女孩的健康成长。因为，她们是未来的母亲，从某种程度上说，她们决定了人类繁衍的质量和进程。

那么，要从哪几方面去格外关注呢？

建立自我：爱与安全感

对于每个人来说，在人生中有两段重要的亲密关系，一段是亲子关系，一段是伴侣关系。前者始于童年，后者始于成年，并且前者对后者将产生深远的影响。著名心理学家麦肯侬曾有论断：“早期的亲子关系定出了行为模式，塑造出一切日后的行为。”

而两段关系能否健康发展，都是以母子依恋作为共同的基础和核心的。因为，母子依恋与互动的重要作用不仅在于唤醒孩子的自我意识（包括意识本身），还在于逐步建立影响一生人格发展的安全感。通过很多心理学的研究发现，如果在童年能够成就一段安全型的亲子关系，孩子在成年后也容易建立一段安全型的伴侣关系。也就是说，从个体角度讲，他人生幸福的可能性更大。

用一个小例子来说明为什么会这样：我虽然会游泳，但因为害怕水，只能在浅水区扑腾。原因很简单，双脚可以随时接触到池底的感觉，让我非常有安全感，即使可能有意外发生，我也认为可以应付。所以，我在游泳的过程中，自信、放松、专注而充满愉悦。但如果我到了深水区，不安和恐惧就会时时袭来。我时刻担心会出意外，紧张、恐惧和警觉占据了我的身心，根本无暇做好动作，反而容易呛水，更别提感受运动的乐趣。

同理，一个孩子如果没有安全感，内心会对爱和被爱充满担忧、怀疑与恐惧，信任就无从谈起。而相比于男孩，女孩更敏感、细腻，情感更丰富，所以，父母在选择养育方式时，也要更细致、更温柔地呵护，切忌对女孩使用打、骂、吼叫等粗暴的方式。否则，极易在她们的内心深处造成严重的伤害，而难于修复。

换言之，在充满安全感的养育环境中，女孩在未来选择人生伴侣时，更容易抱着积极和乐观的态度，经营一个幸福的家庭，并开始一段愉快的、健康的亲子关系。

完善自我：稳定的情绪

在各种各样的文章中，我们都曾经看到过这样的呼吁："孩子成长的关键取决于母亲能否有稳定的情绪。"这句话，一点也不假。

我曾经和不少母亲聊过教育问题，我发现她们在处理与孩子的矛盾或者冲突时，都会表现出较大的情绪波动，或者负面情绪占主导，还有很多情绪失控的状况。这不仅无助于解决问题，还会破坏亲子关系，更严重的是使得孩子也习得了这样的情绪处理方式。

我们可以静下心来想一想，我们的那些吼叫和愤怒，是不是从母亲或者父亲那里"继承"来的呢？这些无疑是不利于孩子健康成长的，不论是男孩还是女孩。如果是女孩，这将导致她们在成为妻子、母亲后，让这种糟糕的情绪模式在代际中传递下去。

虽然站在原生家庭的亲子关系角度看，作为子女的我们也是"受害者"，但是如果我们不注意修正，我们也将成为下一代的"施害者"。我们的童年时光已经无法逆转，成为过去的再也无法更改，但是，现在和未来呢？

要让我们的女儿未来成为一个富有智慧的女性和一个母亲，需要的是冷静的头脑，良好的情绪管理能力，而绝对不是一桶遇火星就会爆炸的炸药，因为，伤人也会伤己。

保护自我：性教育

很多父母都觉得养女孩比养男孩更操心，也更担心。这是因为，女性处于“弱者”的地位，这和社会性别是否真正平等没有太大的关系，更多是从生理性别的角度而言。所以，父母都会担心女儿在小的时候，因为柔弱受到男同学的欺负，而长大会受到男性的侵犯或者伤害。

为了尽可能降低这些风险，让女孩安全、健康地成长，其中非常重要的一点是父母要格外重视女孩的性教育。

随着孩子从3岁左右开始进入性别认同阶段，可以通过家长和孩子一起阅读科普读物、观看科普动画片、参观博物馆等方式，让孩子了解自己的身体和异性的身体。

从幼儿时期开始，家长就应认真而严肃地叮嘱女儿，除了父母和最亲近的家人，其他任何人都不能随意触碰自己身体的某些敏感部位。一旦有他人触摸了孩子的隐私部位，不管对方是谁，都要告诉父母，或者向老师进行求助。

在孩子逐步长大或者进入青春期，性别特征开始发育、身体开始明显变化的阶段，对性有更广泛和深入的了解需求时，父母要及时做好分工，与孩子进行交流，各司其职，通力合作。具体来讲，关于女性身体发育、性行为（从女性视角）、怀孕、分娩有关的话题尽量由母亲给予讲解，关于男性身体发育、从男性视角探讨性行为，最好由父亲来讲解。目的是让孩子了解不同性别的知识和性心理，从而更加注意保护自己，尤其避免过早发生性行为，以及必要时采取的安全措施有哪些。

父母在与孩子交流探讨时，可以借助电视、电影、书籍中的一些亲密场景来增强孩子对性的认识。特别需要强调的是，父母的态度越开放、越坦诚，孩子对性的理解和认识才可能越健康。

对于中国的绝大多数父母来说，做好这几点并不容易。而且，中国的性教育进入了一个“怪圈”——大都会因为发生某些社会事件后，才触发那根平时隐藏在深处的神经，然后，在媒体的大肆呼吁下掀起重视性教育的呼声。

造成这种现状的主要原因是，几千年来，中国人一直对“性”羞于启齿，讳莫如深，自然也影响了对“性教育”的正确认识。但是，时代在变化，我们需要抱着开放、客观的心态来迎接这种改变，教孩子学会保护自己，甚至也包括告诉孩子，一旦受到侵犯，该如何正确处理。

那么，作为男孩的家长，是不是保护女孩就事不关己呢？当然不是。

一方面，父亲可以在生活中做到尊重和关爱女性，其中就包括关爱自己的妻子。除了对男孩进行相应的性教育，更要从性道德方面来培养男孩的责任感。在相应的阶段，父母要告诉男孩不能去触碰和侵犯女孩的隐私部位，也要提醒他们在未来适当的时候，在以爱和自愿为基础的性行为中，女孩比男孩更容易受到伤害（比如，意外怀孕等）。而男孩要承担起尊重、保护女性的义务和责任。

著名学者胡适曾说过这样一句话：“你看一个国家的文明，只需考察三件事：第一看他们怎样待小孩子，第二看他们怎样待女人，第三看他们怎样利用闲暇的时间。”

尊重女性，关爱女性，需要我们每个人从关爱女孩开始。

面对AI，人类立于不败之地的关键

丘吉尔曾说，未来的帝国是思想的帝国。库兹韦尔也说过，正确的思想有能力战胜貌似无比强大的困难，思想的力量——这本身就是一种思想！

1956年夏，麦卡锡、明斯基等科学家在美国达特茅斯学院开会研讨“如何用机器模拟人的智能”，首次提出“人工智能”（Artificial Intelligence，AI）这一概念，标志着人工智能学科的诞生。自此，人工智能也进入了起步阶段。经过60多年的发展，人工智能的近期进展主要集中在专用智能领域。其中最负盛名的是，“阿尔法狗”（AlphaGo）在围棋比赛中战胜人类冠军，人工智能程序在大规模图像识别和人脸识别中达到了超越人类的水平，人工智能系统诊断某些癌症达到专业医生水平。

“阿尔法狗”vs人类的完胜战绩

2017年10月，关于人工智能最爆炸性的新闻非新一代“阿尔法狗”（AlphaGo Zero）莫属。它是一款升级的计算机程序，完全从零开始，在不输入任何人类数据（监督学习）的条件下，通过自我对弈的强化学习，迅速自学围棋。它仅用了几天时间，就以100:0的战绩打败了曾在2016年3月的锦标赛中击败人类围棋冠军的AlphaGo前辈。

这则新闻引起了人类的广泛关注。近些年来，AI一直是持续升温的话题，而棋类项目总是成为人类与AI角逐的最前沿。AlphaGo Zero出现在人们的视野之前，德勤公司的“小勤人”已经让在基础岗位上的财务人员开始担忧，原来只在车间里的机器人，如今要坐在办公桌前和他们争夺饭碗了！

而我们的孩子很早就已经开始接触AI。比如，最简单的AI就是苹果公司产品中的语音助手Siri。相信很多孩子都会和Siri对话，我的孩子也是如此。印象中最深刻的一次是孩子问：“我妈妈长得是不是很丑？”Siri回答：“对这个问题我同样表示很困惑。”面对这充满智慧的答案，我除了哈哈大笑之外，也对孩子们未来要面对的AI世界充满了好奇。

我曾经读过美国发明家、未来学家雷·库兹韦尔写于2005年的《奇点临近》一书。作为非IT人士，很多内容我都不懂，但对他关于“奇点来临”的结论，印象却非常深刻：2045年，计算机智能将超越人类，AI将在这一年10亿倍于今天所有人类的智慧。

当时我读完这本书，还对这一论断不以为然，但当看到AlphaGo Zero令人惊奇的学习能力，尽管对于各种技术缺乏了解，我竟然有点儿相信库兹韦尔的预言了。重读这本书，我看到某些章节时陷入深深的思考：随着基因技术（G）、纳米技术（N）和机器技术（R）三种重叠进行的革命，人类在不断优化自身系统的同时，也将面临被AI超越，甚至是被主宰的可能。当书中提及的“大脑上传”有一天成为现实，人类自身的命运以及人类文明的命运又将何去何从？

“阿尔法狗”的自我学习方式

在AlphaGo Zero惊人战绩的背后，最吸引我的是它的自我学习方式。它的学习完全从零开始，且单纯基于与自己的对弈。人类的输入仅限于棋盘和棋子，没有任何人类数据。

AlphaGo Zero仅用到一张神经网络，这张网络经过训练，专门预测程序自身的棋步和棋局的赢家，在每次自我对弈中进步。新程序只使用1台机器和4个神经网络训练所需的专业芯片（TPU）。随着程序训练的进行，它独立发现了人类用几千年才总结出来的围棋规则，还建立了新的战略，为这个古老的游戏带来新见解。

而与AlphaGo Zero相比，其他AlphaGo的学习方式显得有点儿“费劲”和“艰难”——科学家在训练上一款AlphaGo时，同时用到了监督式学习（基于上百万种人类专业选手的下棋步骤）和基于自我对弈的强化学习。那款AlphaGo的训练过程长达几个月，用到多台机器和48个TPU。

对比下来就知道，AlphaGo Zero的学习方式看上去不仅过程轻松，效果也傲视群雄。我不禁浮想联翩，脑海里呈现的是对现在大多数学生采用的监督式学习模式的思考。

研究表明，人类大脑使用的基本学习模式是渐进式的。在婴幼儿阶段的学习，由于遗传预先决定的模式，大脑自动发育的同时，环境因素也决定着大脑的可塑性。在进入学龄期以后，孩子更多的是开始进入监督式学习的模式。在后续不断成长的过程中，作为父母的我们却往往忽视了他们自我学习的能力。

人类之所以被称为“智能生物之王”，最主要是由于人类的深度思考能力。如果说，大脑是一台结构与运转规则复杂的机器，那么思考就是让它保持高效能运转的燃料。同大脑循序渐进的模式一样，思考本身也是一种学习，而且是越思考越乐于思考，越思考越能达到深度思考。对于一个人来说，思考决定了他生命的长度和厚度。当呼吸尚在，肉体尚存，思考是激励自己不断前进的发动机；当呼吸停止，肉体成灰，思考的产物——思想却可以让生命无限延长，思想的光辉仍然可以激励后人前进。由此可见，思想可以不依附于皮囊而存在。

对我们人类而言，深度思考是能否形成良好自我学习能力的决定因素。只有激发出深度的思考能力，自我学习才能充分挖掘出个体的最大潜能，进而形成个体的独特系统与思想体系。

孩子的被动学习方式

抱着这样的认识，让我们审视一下现在很多孩子的学习方式。在监督式、被动式甚至是填鸭式学习的模式下，很多孩子遵循的已经不再是循序渐进的学习过程，取而代之的是来不及思考和沉淀的跃进模式。基础原理还没有完全消化，就已经迫不及待地开始搭建上层建筑。这种急功近利导向下的学习模式不仅阻碍了孩子们深度思考能力的形成，也为长远的健康发展埋下隐患。

而造成这种状况的原因不仅有功利教育的客观环境因素，还因为很多父母在“唯成绩论”的目标驱动下，没有耐心等待孩子的自我学习潜能得到充分发掘，便让他们借助课外补习班等其他外在工具进行强化学习。所以，尽管短期目标达到或者超过预期，付出的惨重代价却是孩子自我学习能力的缺失，以致当他们没有课外班的“帮助”时，往往不知道自己该如何学习了。

我曾听一位妈妈讲过，她认识的很多高中生都是依靠高强度的“一对一”课外补习考上重点大学的，不仅花费高昂，学生更是如同快速旋转的陀螺。听着她不无焦虑但又持赞同观点的快言快语时，我脑海里呈现的是孩子们在家长、学校、培训机构众多人的“搀扶”下进入大学校园的情景。我并不反对每个人结合自己的情况选择辅助学习手段，但是面对这种普遍现状，我很想知道——没有了这些“拐杖”的支撑，这些孩子的“四肢”还会强壮有力，他们自己还能“健步如飞”吗?

我的一位“90后”朋友，在读研究生阶段远赴瑞典斯德哥尔摩大学交换一年。留学归来，她最深的感触就是欧美学生的自我学习能力——思考、探究和创新能力都非常强。他们无时无刻不在构建一个属于自己的、与众不同的精神世界，并在其中畅想，自由地享受思考的乐趣。她大发感慨：“要是我们的教育也可以培养强大的自我学习能力该有多好！”

可预见的失败：没有思想，只剩灭亡

就在看到AlphaGo Zero新闻的当天，电视上也报道了IBM公司研制的超级电脑沃森（Watson）协助医生对乳腺癌患者进行诊断的成绩：它只用了10秒就提出了与几位医生相同的治疗方案。

据进一步解释，沃森仅用了几天就把十多万份医学资料读入它的大脑，而如果让一个医生来学习这些资料，要在一个合理的时间段内读完，初步计算每天得有29小时才行，这显然是不符合事实的。

“机器都有自己的思想了，人类不应反思吗?没有思想，只剩灭亡！”其实，不论AI的脚步来得多么迅猛，不论AI是否会在2045年全面超越人类，我们都应该深刻思考，我们每个人应该凭借什么在希望与危机并存的未来立足。只有想清楚这个问题，在面对不可阻挡、气势汹汹的AI浪潮来临之际，我们才能在“我思故我在”的召唤下，依然淡定从容地面对各种“棋局”。

告别传统的木匠型父母，成为园丁型父母

对所有人类而言，孩子是真理、爱和人生意义的最大来源。

——美国发展心理学家艾莉森·高普尼克

《园丁与木匠》是美国发展心理学家艾莉森·高普尼克的一本著作，该书荣获美国认知学会年度最佳图书奖。在这本书中，她结合哲学、心理学、人类进化的历程，就孩子童年时期的心智发展给出了科学而生动的阐述。在书的引言部分，她就向父母们提出了一个问题："你是园丁，还是木匠？"

园丁和木匠的区别

众所周知，园丁和木匠是两种职业。

园丁，是专门从事园艺的劳动者。南宋大诗人陆游在《秋晚村舍杂咏》中有云："园丁种冬菜，邻女卖秋茶。"在实际工作中，园丁不仅会从整个花园的地形、布局、结构、土壤等宏观方面统筹考虑，也会对园子里每一株花草树木给予关注、照顾与呵护，目的是打造一个可以适应不同天气变化的、欣欣向荣的小生态圈。

木匠，是专门从事木工的手工艺者。在工作中，木匠师傅会利用斧子、刨子、凿子、鲁班尺等专用工具，通过设计、加工木材，去掉多余的部分，进而组装成一个物件或成品，目的是满足某种特定功能的需要。

对比一下就能发现，园丁的工作内容既要做“加法”，又要做“减法”，而木匠看上去更多的是做“减法”。园丁是把花园建成它应该有的样子，而木匠是把木材加工成他希望的样子。也就是说，园丁从事的劳动既要着眼全局，又要关注细节；既要未雨绸缪，又要亡羊补牢；既要有修剪，更要有滋养；既要有防护，更要有帮助。

父母养育孩子，毋庸置疑，更需要园丁的思维和工作方式。这也就是为什么会把教育工作者比喻为园丁而不是木匠的重要原因。

园丁型父母和木匠型父母的区别

如果说养育的目的是让孩子拥有健康成长的能力，我们不妨根据孩子特定成长年龄阶段来认真观察一下园丁型父母和木匠型父母的区别。

孩子成长年龄阶段	园丁型父母	木匠型父母
0~6岁	●积极学习、了解并尊重孩子不同阶段的发展规律和需求，把孩子当作一个独立的个体，树立和孩子共同成长的科学育儿观，积极回应孩子的各种需求，致力于提供安全、温暖的养育土壤和环境； ●耐心回答孩子提出的“为什么”，不仅成为他的照顾者，还成为他的玩伴，并鼓励他探索世界； ●孩子虽小，但会“换位思考”去体察孩子的情绪，试着理解孩子幼小心灵的感受； ●支持孩子内在成长需要，以欣赏、肯定孩子为主，当孩子犯错误时，能坦然接受，但也会及时给予正确的引导，帮助孩子成长。	●更倾向于延续传统、旧有的养育观念，从父母自己的角度出发，把孩子当作附属品，比如，“他还小，什么都不懂”，单方面认定孩子的需求，并以此出发提供“响应不足”的养育环境； ●对孩子提出的问题会不耐烦，把陪伴孩子的任务交给其他人或者电子产品； ●往往从自己的感受和情绪出发，关注自己胜于关注孩子； ●用自己的想法来要求孩子，当孩子无法达到要求时，就会用打击、责备、埋怨、批评，甚至打骂来应对； ●面对孩子的错误，容忍度比较低。

孩子成长年龄阶段	园丁型父母	木匠型父母
6～14岁	● 不用学习成绩作为衡量孩子的主要标准，不做横向比较； ● 从孩子出发，培养其兴趣爱好，营造丰富多彩的成长环境； ● 关注孩子学习习惯、方法的培养，而不是只盯着学习结果； ● 鼓励孩子积极拓展朋友圈； ● 孩子在成长中遇到挫折时不埋怨，帮助孩子一起找原因和解决办法，并在过程中给予孩子最大的支持和帮助； ● 逐步给予孩子适宜的独立自主空间，尊重孩子的隐私和行为边界。	● 主要关注孩子的学习成绩，喜欢横向比较； ● 培养孩子的“兴趣爱好”，主要是出于功利的目的； ● 学习结果不好，就批评指责孩子； ● 觉得除了“学习”，其他都不是正事，能不做就不做； ● 当孩子遇到挫折时，首先是自己不满意，批评、抱怨，而不是因为孩子难过而难过； ● 往往把自己的目标强加给孩子，喜欢控制孩子的行为习惯，甚至是想法。

要做就做园丁型父母

了解了园丁型父母和木匠型父母的差异，那么，作为孩子，他们到底会喜欢哪一种父母呢？答案是不言自明的。

根本原因就在于，孩子本身具有极其强大的内在成长动力，而且就如同人类进化至今的身体一样，是各个器官组成的一个有机、系统、完整的大集成，缺失哪一部分都会影响整个系统的健康运转。

从这一点上说，每个个体都是一个小宇宙，有着比较完善的运转逻辑。而孩子的成长不仅是一个潜力无穷的小宇宙，也是一个五彩缤纷、有无限可能的花园，更是一个需要正确呵护的小生态圈。

如果父母像木匠一样，手里只有斧头、锥子、锯子，而没有尊重、理解、欣赏、支持和帮助，孩子怎么可能吸收到健康成长所需要的充足养分呢？我作为一个母亲，最想说："我们再也不能像以前很多的父辈那样，随心所欲地做父母了。时代变了，要培养面向未来的孩子，从我们打算成为父母的那一刻起，我们就应该开始学习；到我们离开这个世界的那一天止，我们作为父母的学习才真正结束。"

叙利亚诗人阿多尼斯的著名诗篇《我的孤独是一座花园》，看上去有着一种沧桑和悲凉，而在"每个孩子都是一座花园"的诗句中，却应该永远充满生机、美好和希望。孩子生长在当下，他们要拥抱的是美好的未来。所以，要做父母就做园丁型父母，让我们一起打造无数座美丽的花园，让各种芬芳扑面而来。

时代变迁，这三点对于父母永不过时

经过800多万年的进化和繁衍，人类有了现在的体貌，有了复杂的特征。在纷繁多样的大千世界，在发现其他智能生物之前，我们俨然已经成为这个世界的主宰。我们拥有日新月异的高科技，我们也拥有生生不息的力量。

作为新时代的一分子，我们都是促进社会不断向前发展的一员。因为我们要承担起孕育下一代的责任。未来已来，我们要怎么去审视自己作为父母的角色呢？我们要怎么让我们的后代拥有高质量的、幸福的人生呢？我们的所作所为怎样才能造福子孙后代，让他们立于不败之地呢？

请父母一定要牢记并实践下面这三点。

真正爱孩子

真正爱孩子，就是为他的成长营造一个温暖、幸福、快乐的家庭环境。

孩子和成年人不同，他们生来就是孤独而无助的。而且，在所有的动物中，人类的童年期——需要父母抚养的时间，最为漫长。他们从来到这个现实世界的第一天起，必须先完全依赖于父母的抚养和帮助，才能逐步具备生存的能力。所以，从身体到心灵都很弱小的他们，不仅需要养育人的扶助，更需要情感和精神层面的滋养和呵护，也就是需要爱与温暖的家庭环境。这是一个孩子实现从身体到心理上的成长，并且形成健康人格的唯一途径。

但什么才是真正的爱呢？

真正的爱不是以控制、听话为前提，也不是没有原则、放任的溺爱，真正的爱是父母真正把孩子当作独立的个体，是从对他们深深的理解、接纳与尊重中建立起来的。孩子只有在现实世界中得到充分的爱，才能建立起强大的精神世界，也就是构建一个健康的自我。这样，他们自然就会提高面对复杂未知世界的能力，并且能够自动抵御一些外界“病毒”的侵袭。因为他们的自我足够强大，他们也会有较好的自我治愈和修复能力。

罗曼·罗兰有一句至理名言：“世上只有一种英雄主义，就是看清生活的真相之后，依然热爱生活。”这足以说明，生活的真相就是不断地经历各种艰难困苦。而父母给予孩子的、始于童年的真正的爱，正是成就他们这种英雄主义的重要源泉。

所以，给孩子真正的爱，为孩子的成长营造一个温暖、幸福、快乐的家庭环境，这一观点我认为阐述多少次都不过分，因为它至关重要。

培养正确的三观

父母为孩子树立一个正确的榜样，培养孩子正确的三观，他便会自动屏蔽掉社会中那些不良的东西。

时代进步了，但孩子成长的社会环境也变得更复杂、更混乱了。要让孩子对那些不良的东西自动开启“防火墙”，非常重要的一方面就是让孩子树立正确的人生观、世界观和价值观。

正确的三观是人生的指南针。不论是在现实世界，还是虚拟世界，没有正确的人生观、世界观和价值观的孩子，在成长过程中，因为没有正向的、坚定的人生准则，很容易被不健康的内容吸引，被消极、负面的事物所诱惑，容易迷失方向并误入歧途。很多孩子沉迷电子游戏，被环境所污染，就是因为缺乏正确的三观。

而一个孩子人生观、世界观和价值观的建立，主要来源于父母的熏陶和言传身教。这与拥有多少金钱、多高的社会地位没有必然联系。

换言之，作为父母，我们并不需要家财万贯，即使是极为普通和平凡，也可以用自己正直的品格和积极、正确的三观为孩子树立榜样，在言传身教中熏陶孩子成为一个有优秀品格的人。那么，他会在未来的人生路上更知道自己要什么，能够走得更坚定，更不会为这个物欲横流的世界所诱惑，甚至污染。他也会自动屏蔽掉那些不良的东西，远离赌博、色情和暴力，当然也包括那些内容不健康的电子游戏。

建立丰富的内在评价体系

以良好的亲子关系为基础，为孩子创造一个多维度的内在评价体系。

每个孩子不论从基因的先天因素，还是从成长环境的后天因素来说，都是独一无二的，这也就决定了，我们无法把一个孩子和别的孩子进行比较，就如同我们成年人也无法和别的成年人比较一样。所以，父母要以良好的亲子关系为基础，建立一个属于孩子自己的，个性化、多维度的内在评价体系。

所谓内在评价，是不以学习成绩的好坏，不以孩子是否上名校这些外在的东西来衡量，而是以他是否有良好的道德观念、是否善良、是否乐于助人、是否自信、是否有同理心、是否坚忍不拔等这些优秀的内在品质作为评价标准。因为只有这样做，才能让孩子正确地认识自己，肯定自己的价值，从而形成健康的人格，拥有快乐幸福的生活。

如果不这样做，在外在评价标准比较单一的情况下，将会导致孩子生活的通道非常狭窄，同时孩子生活的压力会非常大。结果将会是，在日积月累之下，当他无法及时排解压力时，就容易产生心理问题，然后发生逃避现实、躲进虚拟世界，甚至轻生的行为。

尤其在当前的教育形式之下，孩子承受的学习压力和竞争意识越来越大，他们需要有人来正确地评价自己，而父母是最重要的、可以做到这一点的“老师”。所以，父母一定要承担起这个责任，帮孩子正确地评价他们自己。孩子有一颗强大的心，才能成长得更健康。

我自己也是一个孩子的妈妈。我总是想，孩子自从降生到这个世界上，他就是孤独而无助的。我们还有朋友、亲人来分担忧愁和苦闷，但孩子却没有，他所仰仗的只有父母。所以，在他成年之前，他一定比我们更渴望良好的亲子关系，渴望我们的爱、理解、尊重和支持，而且是他越小的时候越需要。所以，我常常觉得，父母其实不仅是孩子的第一任老师，还应该是他们的玩伴，是他们的朋友，是他们的支持者，更是他们的保护者。

如果我们能做到刚刚说到的，真正爱孩子，为孩子从小树立正确榜样，培养正确的三观，帮助他们建立多维度的内在评价体系，他们就能得到足够的爱和温暖、理解和支持。

不论是身处农耕时代，还是人工智能时代，都希望亲爱的家长们能记住这一点：优秀的父母，才能成就优秀的孩子；而优秀的孩子，也会让我们成为优秀的父母、优秀的自我。

本站回顾

不知不觉，未来已来。人类进化的同时，科技也在不断进化。如何保证我们的孩子未来不被AI所打败和取代？读完本书最后一站的内容，你是不是有些震撼？平复一下，试着总结归纳一下如下问题的答案吧。

◎ 时代进步了，可孩子们成长的环境却变恶劣了，是基于哪四个原因？

◎ 为什么说关爱女孩就是关爱未来？关爱女孩要怎么做？

◎ 要想未来不被AI所取代，孩子必须具备哪种能力？

◎ 园丁型父母和木匠型父母有什么区别？别忘了一定要做园丁型父母！

◎ 不论何时，孩子健康成长都需要父母做到三点，分别是什么？

旅程结束

（后记）

送给亲爱的妈妈们，冲出各种围城的锦囊妙计

我们的旅程马上就要结束了。在和大家告别之际，我们要说点儿什么呢？

我之前看过一个让我颇有些意外的研究结果：中国的心理学家在研究时发现，中国人在评价自我和母亲时，大脑的内侧前额叶均有活动，而西方人仅在评价自我时才激活大脑相同部位。这除了说明中西文化中个体对“自我”的重视程度，也说明“母亲”在中国人心目中的位置是多么重要！

所以，本书的最后一篇献给为了下一代而辛苦劳作的中国妈妈们。

我们先从一个妈妈说起。

前几天，一个妈妈约我帮她解决孩子沉迷手机游戏的问题。上次见她大约是几个月前，可当我在咖啡厅再见到她时，不免大吃一惊。我问她：“亲爱的，你怎么瘦了这么多？而且，看上去这么憔悴？”

“我现在状态很不好。”

……

这是一位已经踏入中年的女性——两个孩子的妈妈。她和我聊到孩子，聊到婚姻，还聊到了自己的孤独与迷茫。在将近3小时的深入交流中，我不仅弄清楚了这背后的原因，也无比心疼地安慰和鼓励她："亲爱的，你为了孩子，为了婚姻，为了家庭，委曲求全，付出了全部。但从现在开始，你要想想怎么关爱自己，让自己快乐起来。"

满怀憧憬冲进围城

钱钟书先生曾在《围城》中写道："婚姻是一座围城，城外的人想进去，城里的人想出来。"当下大多数的婚姻，始于爱情，却终于惯性。孩子、丈夫、婆婆、工作……这些人和事构成了妈妈们的围城。

很多老辈人的婚姻，没有始于爱情，却也终于惯性。这样一看，似乎开头迥异，但结尾并无不同。太多人的婚姻"一地鸡毛"，但应该让人深刻反思的是，为什么我们带着美好的憧憬和热泪盈眶的感动踏入婚姻，可在漫长的婚姻岁月中却时常感到孤独、无助，甚至了无生趣呢?

得不到情感呵护的爱情围城

17世纪的法国作家莫里哀曾经有一句经典的话："女人最大的心愿，是有人爱她。"

女人，是感情动物。这就是为什么往往丈夫一句"你辛苦了"，或者一个深情的拥抱，就可以瞬间化解妈妈们的疲惫，也可以让她们满血复活。而且，当她们承受的社会、生活压力越大，这种需求越强烈。反观很多男同胞们，一方面由于属于理性动物，一方面又在传统家庭模式下长大，从内心真正理解和认同这一点并非易事。

于是，在几年，十几年，甚至是几十年的婚姻生活中，妈妈们在忙忙碌碌的喘息之余，在白天喧嚣后的夜深人静中，那无处安放的情感依靠，就会被孤独、寂寞、无助和绝望所淹没。

独木难支的教育围城

除了柴米油盐酱醋茶的琐碎会打破爱情的幻梦，还有一个重要的因素，就是中国婚姻所沿袭的旧有模式——“女主内，男主外”，女人负责养育孩子，男人负责赚钱养家。

这种从人类进化开始延续至今的模式和观念，并没有因为互联网时代的浪潮冲击而土崩瓦解，或者说现代的婚姻模式还未得以建立。相反，除了对独立、男女平等的追求，女性又增加了在工作或者事业中的社会角色。女人的模式变为“女主内，也会主外”，女人负责养育孩子，也会负责赚钱养家。

因此，从教育的角度上说，很多父亲们始终游离在应有的“位置”之外。究其原因，就是在他们长大成人的过程中，他们的父辈也是如此。所以，很多父亲参与子女教育的程度，基本全靠自我意识的觉醒和强大的自我学习力。这就完全因人而异了。

而妈妈们，尤其是有二胎或者多子女的，往往只因为教育这一件事情就被压得喘不过气来，何况还有工作，甚至是一团乱麻的婆媳关系。久而久之，她们便陷于进退维谷、心力交瘁的困境之中了。于是，妈妈们无暇顾及自己的感受，就像一个深处生活旋涡中的人，即使是游泳高手，也无法掌控自己的生活节奏。

关爱自我才能冲出围城

作家王小波曾说：“如果我会发光，就不必害怕黑暗。如果我自己是那么美好，那么一切恐惧就可以烟消云散。”

如何冲出这样的围城呢？最根本的秘诀只有一个：重建自己与自己

的关系。

人是社会性的动物，所以，归根结底是生活在各种关系里的。我们重视夫妻关系，重视亲子关系，而这一切的前提却是自己与自己的关系。这一点，也最容易被忽视。简单来讲就是自我的建设。

因为，总有一天，孩子会长大离开我们，夫妻再长久也会有分离，唯有“自我”可以伴随我们一生。在伦理道德、不伤害他人的范围内，我们一定要积极地建设自己。我在上大学时有摘抄的习惯，至今还清晰地记得一句关于婚姻的话：“一个孤独加上另一个孤独，没准等于两个孤独。”现在想来，讲的就应该是自我的成长。

有的妈妈问我：“你让我关注自我，难道我就可以不管其他关系了吗？”我回答：“不是这样的。因为只有处理好自我的关系，让我们自己有很好的生活体验，拥有积极的能量，我们才能用积极的方式去建设其他关系。这个时候，其他的关系才更可能是健康的，而不会是拧巴或者扭曲的。”

要重建自己与自己的关系，就要这么做：

要让自己快乐起来，可以变得“自私一点”；
不要总想着委屈自己成全他人，想想自己真正想要什么；
哪些事情可以让自己快乐起来？哪怕是很小的事情；
不妨把这些想要做的事情列在清单上，
把它们当作自己人生的目标，有了目标就有了方向；
不要迟疑，马上行动，做完就画个钩，再奖励自己些什么；
坚持下去，看到清单上的愿望变成现实，
就会慢慢恢复自己的价值感，还会拥有更多的成就感。

生活的困苦是生活的常态。绝大部分的人都是在苦苦挣扎、头破血流中跌跌撞撞地前行。叙利亚诗人阿多尼斯有这样一句诗：“世界让我遍体鳞伤，但伤口长出的却是翅膀。”我们所承受的磨难、所经历的黑暗，在未来的某一天，一定会以光明的面貌归来。

所以，亲爱的妈妈们，别忘了关爱自己、建设自己，也要相信自己。当然，伤心难过时，别忘了寻求外部支持，绝对不要憋在心里。

在本次旅程结束，我和大家告别之际，也特别向全社会的男同胞们发出最强烈的呼吁——请一定要多关注自己的妻子、孩子的母亲，用你们的温暖、体贴、担当、支持来尽可能分担妈妈们的抚育重任，并抚慰妈妈们的疲惫和孤独。

祝妈妈们健康快乐每一天！祝孩子们真正健康快乐地成长！祝每个小家庭都能在克服生活给予的困难和挑战中，收获属于自己的幸福！

亲爱的朋友们，先暂时和大家说声“再见，珍重”。未来，我们还会重逢，并一起开启更多精彩的旅程！

附 录
孩子们的画

计赫研

8岁，男孩，二年级，北京

即使是年幼的孩子，他们内心真实的需要也绝不是小事。而且，不管他们的年龄有多大，对父母的情感依恋、安全感和信任感的需求始终不会改变。当他们幼小、纯真的心灵需求从父母那里得不到满足，他们就会自动关闭心门，用所谓的冷漠或者叛逆来伪装自己，表面显得“强大”，内心却是无比“羸弱”。

兰 添

9岁，女孩，四年级，库尔勒

很多人会把权威与权力搞混。真正的权威绝对不等同于权力。回到有红白脸分工的家庭关系中，就不难发现，父亲认为自己可以管教孩子的过程中，行使的只是一种作为父亲的权力。这种力量更多体现出来的是一种支配和控制力。

路沛霖

4岁，男孩，幼儿园，北京

你作为父母的质量如何，可以甚至应该由你“创造”出来的孩子来评判。

邹秉航

9岁，男孩，三年级，长春

我们生育了孩子，是因为我们想成为父母；我们养育了孩子，是因为我们有责任让他们长大，而不是为了实现我们自己的人生期许。孩子有他们自己的人生使命，那就是成为这个世界上独一无二的他们——具有独立健康人格与自由意志的个体。

张子涵

15岁，女孩，九年级，北京

未来是充满不确定性的，孩子要面对人生的种种困难、挫折，甚至是磨难，如何让他们坚强地面对各种风风雨雨，抵制各种诱惑，带着屡败屡战的坚定意志，勇敢前行呢？

吴则周

10岁，女孩，四年级，北京

“人该是自己生活的主宰，不是别人手里的行货。”要想成为自己生活的主人，就要勇敢面对各种挫折，让挫折成为我们自身成长得更强大的机会。对我们每一个人如此，对我们的孩子亦然。

吴思源

4岁半，男孩，幼儿园，北京

作为一个公民，在社会中与他人共享资源，必然要通过遵循社会规则来享受公民的权利，负起公民的责任及承担公民的义务。规则是用来遵守的，不是用来打破的，更不应该被漠视。

崔欣儒

11岁，女孩，六年级，北京

父母、家人成为孩子的“战友”，是他们成长过程中战胜一切困难和挫折的法宝——“我不是一个人在战斗”的能量与成功的可能性远远胜过“孤军奋战”。这也是所谓的挫折教育中非常重要的一环。

张配天

12岁，男孩，七年级，香港

他们的喜怒哀乐，就是对于这种状况最真实的反映。而这个阶段的心理特点，使得孩子情绪表达上比较外露，不加掩藏。这种不加掩饰为父母提供了建立良好沟通的最佳契机。所以，良好的沟通一定要从关注孩子的情绪开始。

鲍俊屹

10岁，男孩，四年级，北京

一起运动，一起去公园玩，一起看电影，一起野餐……都可以满足孩子的社交愿望。增进了解的同时，让孩子们发现彼此认同的地方，并以此为纽带建立朋友关系。

文婧达

9岁，女孩，三年级，北京

现实世界虽然并不完美，甚至有时很残酷，但并不会堵死所有的路。对个体来讲，我们要在生活提供的各种选择面前始终怀揣希望，用积极乐观的生活态度，善于发现生活的美好与温暖。这种热爱生活的能力，远比任何一种才能都重要。

尉 蓝

10岁，女孩，四年级，北京

社会本就不存在绝对的公平。所以，与其困顿于大环境各种“不公平”的纠结和愤怒，不如放宽视野，修缮自己的内心地带，让我们作为父母的角色更加强大——我们完全可以从自身做起，努力为孩子的成长撑起广阔的成长空间，为孩子营造多样的微观环境。

袁弋扉

5岁3个月，女孩，幼儿园，北京

在孩子奋斗的过程中，家长对孩子的态度、努力做出及时的肯定、欣赏和鼓励，这些正向积极的反馈，会为孩子不断添加持续努力的燃料。孩子不孤军奋战，才能越战越勇。

石雨晨

7岁，女孩，二年级，西安

“读书不是阅读唯一的方式。”同一个故事可以通过动画片、电影、书籍，甚至绘画、雕塑、音乐、建筑等不同的艺术形式表现出来。我们可以与孩子通过多载体、多维度的阅读达到精读的效果。

吴思成

11岁，男孩，六年级，北京

作业和考试成绩只是其中的一个系统，而不是全部。就像人类生存与发展所面对的是多维度、复杂、立体的生态系统一样，孩子成长所需要构建的也是一种学习生态——这是适应社会生存和发展需要的复杂系统。

周赵璇

14岁，女孩，九年级，北京

我们经常说“身体是革命的本钱”，我们也经常说“身心健康最重要”。孩子的学习是一个生态系统，他们的兴趣爱好发展是否得当，影响着这个生态系统能否良好地运行下去，也就是说决定着身心能否健康。

伍洲明

8岁，男孩，二年级，上海

父母与其出于恐惧心理排斥电子游戏，不如和孩子站在一起，从小就注重提高他们对于手机、电子游戏的抵抗力，为他们一生健康成长和发展提供一条既开放又有防御功能的通道——我称之为“电脑上的防火墙”，可以自动开启并帮助孩子们抵御外界“病毒”的侵袭。

刘　夏

5岁半，女孩，幼儿园，北京

对于一个孩子来讲，现实世界（生活）的质量决定了他精神世界的构建是否充分、丰盈与健康，也决定了虚拟世界在他生活当中占有多大的比重。

张曦元

11岁，女孩，六年级，北京

一个孩子，如果在现实生活中得不到最基本也是最重要的需求满足，包括关爱、温暖、理解、尊重、价值感，他要生存下去，就要到虚拟世界当中去寻找。

刘怡宁

10岁，女孩，四年级，北京

相比于男孩，女孩更敏感、细腻，情感更丰富，所以，父母在选择养育方式时，也要更细致、更温柔地呵护，切忌对女孩使用打、骂、吼叫等粗暴的方式。否则，极易在她们的内心深处造成严重的伤害，而难于修复。

王睿奇

11岁，男孩，五年级，奥斯汀（美国）

他们无时无刻不在构建一个属于自己的、与众不同的精神世界，并在其中畅想，自由地享受思考的乐趣。

徐子涵

10岁，女孩，五年级，深圳

作为父母，我们并不需要家财万贯，即使是极为普通和平凡，也仍然可以用自己正直的品格和积极、正确的三观为孩子树立榜样，在言传身教中熏陶孩子成为一个有优秀品格的人。那么，他会在未来的人生路上更知道自己要什么，能够走得更坚定，更不会为这个物欲横流的世界所诱惑，甚至污染。

崔宸硕

7岁，男孩，二年级，北京

真正的爱不是以控制、听话为前提，也不是没有原则、放任的溺爱，真正的爱是父母真正把孩子当作独立的个体，是从对他们深深的理解、接纳与尊重中建立起来的。孩子只有在现实世界中得到充分的爱，才能建立起强大的精神世界，也就是构建一个健康的自我。